日本の立ち位置を考える

――制度政治経済哲学へのステップ――

鈴木　泰　著

晃　洋　書　房

はしがき

日本は、どこに向かおうとしているのでしょうか。それ以前に、（自分も含め）日本国民は、どこに、どのように立っているのか、あるいは立っていたいのかを、これまで、自分で考えることを後回しにしてきたように思います。長い経済停滞にさらされ、先の見通しが立たず、不確実性が高まるなかで、自らの「立ち位置」を考えることに、関心を失っていたように思います。立ち位置とは「覚悟」です。国家として、どのような国でいたいのか、どのような国として立ちたいのか、また、自分が、どのような社会の一員として暮らしたいのかを考える指針は何なのでしょうか。

今、われわれは、本書で取り上げる「財政」「国際秩序維持・外交」「国際金融」を含め、様々な問題に直面しつつ、局所的には様々な対応がなされていますが、総体的には「ホールドアップ（お手上げ）」の状態に陥っています。一九九〇年代初頭以来、いわゆるバブル経済崩壊後の「失われた二〇年」のなかで、立ち位置を考える原理原則を求めることを後回しにしてきたつけが、回ってきているのではないでしょうか。国家として、また、それを構成する国民としての責任を果たす覚悟を忘れかけていたように思われます。

立ち位置を考えるにあたり、本書は「公平」「正義」を基本軸とします。人はだれでも、公平に扱われたいと願っています。逆に言えば、だれでも不公平に扱われれば憤り、そうした不公平を放置している社会や制度を、そのままにしてはおけないはずです。そして、より広範な基本的自由・人権が守られ、機会の平等が実現されていく社会の一員になることを、程度の差はあれ、基本的に求めていると捉えます。ここを基本軸として、より多くの人を説得し得る「公平としての正義」原理とは何なのか、また、そうした正義はどこまで追求できるものなのかを議論していきます。

私自身は、金融制度論、制度政治経済学を専門としています。「制度」は、経済行動を制約する「ルール」と定義されます。特に、制度と経済効率性との因果関係に関心を持っています。制度には、第三者によって規制・執行される「フォーマルな制度」と、自ら規制・執行する「インフォーマルな制度」があります。前者の代表的なものは法律です。後者の代表的制度には、宗教や文化が挙げられます。そのため、制度経済学、金融論が専門ですが、法学や宗教学・社会学にも関心をもっています。これらの複合的領域にまたがる「制度政治経済哲学」ともいうべき新たな分野を切り開いていきたいと考えています。

本書は、特に、ジョン・ロールズの「正義論」、トーマス・ネーゲルの「最低限求められる道徳規範」等の政治哲学、山本七平の日本学（比較文化論）にふれ、自分なりに解釈し、制度経済学・金融学との複合的な視点を提供したいという思いから書き始めました。本書は、学術的な議論をベースとしていますが、私としては、あまり枝葉末節にこだわらず、自由に思いを綴ってみました。そのため、学術的には議論が足りないところや、挑戦的なところもあると思います。また、全体としてのまとまりにも改善の余地が多々あると思います。しかし、社会科学は、もっと複合的・統合的視点から、自由に論ずるべきとの思いがあります。昨今、社会科学分野では、細分化・専門化が進んでいます（特に経済学・金融論には顕著にその傾向がみられます）。もちろん、客観的かつ科学的な分析を基盤とする細分化・専門化も必要なのですが、あまりにも枝葉末節にこだわりすぎて、本来、社会科学に求められる、人間が行動し、創り上げている「社会」をどのように、政治的、経済的、社会的および文化的に暮らしやすいものにしていくべきか、という規範・哲学を考える姿勢が、やや後退しているように感じます。「不確実性」が高まっていく現代社会における生活の質を高めるためにも、政治学、法学、経済学、社会学、宗教学等の複合的かつ統合的視点が必要なのではないかとの思いを、本書に籠めています。

議論を重ねていくことで、本書は、公平な資源再配分―「正義」―には、ビジネス「倫理」に支えられた「市場」が必要であること、逆に言えば、ビジネス倫理のない市場原理に、資源再配分を委ねても、公平な社会は達成されないということを主張します。「公平としての正義」には「倫理」が必要であるという、直観的には当たり前のことを、日本が置かれた状況、そして、これから、どのような覚悟を日本はもつべきなのかというテーマに即して、議論したいのです。しかし、考えてみると、これこそ、アダム・スミスが「道徳感情論（The Theory of Moral Sentiments）」と「国富論（The Wealth of Nations）」で示そうとした基本テーゼと符合します。そうした意味では、結論（何をすべきか）は、とうの昔からわかっていたことなのかもしれません。しかし、どうすれば、そこに到達できるかについては、今を生きるわれわれが、議論を重ね、コンセンサスを得ていく必要があります。本書がそうしたコンセンサスづくりの一助になることを願っています。

　本書の出版にあたっては、前著『開発政策の合理性と脆弱性―レント効果とレント・シーキングの研究―』に引き続き、晃洋書房の丸井清泰氏には多大なご尽力を頂きました。また、出版に際しては、立命館アジア太平洋大学学術図書出版助成制度の助成を受けることができました。心より感謝申し上げます。

二〇一二年五月

鈴木　泰

目次

序章　「公平としての正義」原理の追求
――本書の構成と要旨――

人はだれでも、公平に扱われたいと願っています。逆に言えば、だれでも不公平に扱われれば憤り、そうした不公平を放置している社会や制度を、そのままにしてはおけないはずです。他人からされたくないことは、自分も他人に対しては行わない。また、自分も被るかもしれないハンディキャップを負っている人に対しては、支え合う。そして、より広範な基本的自由・人権が守られ、機会の平等が実現されていく社会の一員になることを、程度の差はあれ、人は基本的に切望しています。本書は、ここを基本軸として、より多くの人を説得し得る「公平としての正義」原理とは何なのか、また、そうした正義はどこまで追求できるものなのかを、日本が抱えている次の問題に即して、議論することを目的としています。

①福祉国家としての立ち位置・日本社会が求めるべき「社会正義（Social Justice）」原理とは何か。未曽有の財政難、世代間格差問題にどのように対処すべきか。

②国際政治における立ち位置・日本が依るべき「国際社会正義（Global Justice）」原理とは何か。国際社会秩序の維持・進化に向けた覚悟をどのように持つべきか。

③国際金融における立ち位置・「経済の金融化」に歯止めをかけるために、日本が調整すべき「ビジネス倫理（Ethics）」とはどういうものか。米国型金融仲介様式とは異なる代替様式をどのように模索すべきか。

第1章では、日本社会が求めるべき「社会正義」原理について、未曽有の財政難、世代間格差問題にどう取り組むかというテーマに即して、議論します。「自由」をとるか（自由主義）、「平等」をとるか（平等主義）、あるいは効率性をとるか（功利主義）を巡る議論は、アマルティア・セン（Amartya Sen）ら経済哲学・経済倫理学の分野でも、さかんに行われています。本書は、センら経済哲学者からの批判はあるものの、政治哲学者ジョン・ロールズ（John Rawls）による「社会正義」の二原理、すなわち、「各人は、最も広範な基本的自由に対する平等なる権利を保持すべきであり、その範囲は、他の人々が有する、同様の自由に対する権利と両立可能であることが求められる」との第一原理と、

「社会的、経済的格差は、（a）そうした格差がすべての人のメリットに繋がるものと合理的に期待できる場合、および（b）そうした格差は、全員がなりうる地位や職務にかかわる場合にのみ、認められる」との第二原理（格差原理）を再吟味し（詳細については第1章第2節）、ロールズが掲げる理想的な私有財産レジームである「初期所有条件平等下の民主主義（Property-Owning Democracy）」を、日本が目指すべき方向として提案します。

第1章第4節で詳しく述べますが、日本における国および地方の長期債務残高は二〇一一年度末で八九四兆円の見通しとなっています。公債依存度（財政赤字の歳出に占める割合）は四七・九％、歳出規模に対する利払い費用比率は一〇・七％、GDP比長期債務残高は一八五％に達しています。日本は、経済（GDP）が成長しようとすると、借り換えの国債から金利が上がり、総じて利払い負担が増え、財政をさらに圧迫してしまいかねないという大きなジレンマを抱えています。長期債務残高をせめて、GDP規模（約四八四兆円）に減らすことは急務です。一方で、少子高齢社会への対応に迫られるなかで、予想される痛み—年金・医療費・社会保障費を含む歳出削減および増税—に怯え、多くの国民は、いわば「ホールドアップ（お手上げ）」の状況に陥っています。

日本は、どのような「福祉国家」として、立ち続けるべきなのでしょうか。このことは「社会正義」をどのように求めるか、その原理原則を考えることに他なりません。税負担の公平性、社会保障受益の公平性、世代間の負担・受益の公平性をどのように求めるべきなのでしょうか。日本国民にとって、受け入れ可能な社会正義原理とは何なのでしょうか。ジョン・ロールズの政治哲学に加え、山本七平の日本学・比較文化論の貢献を取り入れながら、先にふれた「初期所有条件平等下の民主主義」の方向の可能性・妥当性について議論します。

一般的な福祉国家型資本主義は、物理的および人的資本の分配には、深刻な格差があることを認めつつ、市場制度における結果の格差を、再分配のための税および移転プログラムを通じて、減らすことを求めます。対照的に、初期所有条件平等下の民主主義は、財産および富の基本的分配における格差を極力減らし、人的資本への投資機会を、より平等にすることにより、市場制度がもたらす格差をより小さくすることを目的とします。すなわち、福祉国家型資本主義が、事後の格差是正を行うのに対し、初期所有条件平等下の民主主義は、事前（市場での競争前）の格差是正を行うことに主眼を置きます。教育や能力開発の機会については、徹底的にその格差をなくすことに主眼を置き、一方で、自由競争的市場に資源配分は委ね、そこで生ずる格差（勝ち負け）については、競争の結果として、最小限度のセイフティ・ネットを供給する以外は、市場に委ねる、との構えとなります（第1章第1節）。

具体的には、①個人が生きている間（生前）は、自由競争市場の中で、稼ぎ、蓄積した財産は自由に消費することを奨励し、一方、次世代への相続・贈与については、基本的には認めず、遺産については国庫（社会）に納入、還元してもらう（当面、公的債務がＧＤＰ規模に縮小するまで）。②財政歳出は、教育や能力開発のための「機会の平等」をはかることを重視し、社会保障関連費については、自己負担を求め、抑制する、という方向を模索することを提案します。

第2章は、第1章の付論として、「市場原理」について議論を深めることを目的としています。自由をとるか、平等をとるか、あるいは効率性をとるか、程度の差はあれ、われわれは「市場」に資源（再）配分を委ねることを、是としています。われわれは「市場原理」の有効性・前提あるいは限界について、議論を深めるべきです。

政治学史の観点から、米国型市場原理主義は、プロテスタンティズム、ひいてはカルヴァン（Calvin）の予定説という媒体・触媒があって誕生したとされる資本主義のエートス（精神、行動様式、倫理）と強く呼応していると考えられます。そのため、主として、その手段・プロセスに関心が寄せられ、その究極的目的については曖昧とされる（究極目的は神のみぞ知り給う）構造が指摘されます。加えて、ケインズあるいは制度派経済学（異端経済学派）の観点から、有効な資源配分という目的を達成するうえで、「市場」がもつべき「手段としての合理性」（instrumental rationality）にも、脆弱な面があることを指摘します。

市場メカニズム・価格メカニズムの自律的機能・回復力への信仰のみに頼る正統派と、ニヒリズムに酔う異端派が現代経済学の理論を支えています。祈っているか、あるいは諦めているか（冷めているか）という意味では、経済学者は何もしていないのと同じなのかもしれません。一方で、経済政策担当者（政策当局）は、言うまでもなくニヒリズムを志向することはできません。ゆえに、「市場原理」への信仰に頼ることとなりますが、それは責任逃れになりかねません。なぜなら、市場原理主義と日本資本主義のエートスとが呼応しているとは、必ずしも言えないからです。この章での議論は、第1章でふれた、初期所有条件・機会の平等を徹底的にはかり、その後は、「市場」に資源（再）配分を委ねる方向性においても、ロールズが求めている「他者への思いやり」「相互依存」に基づく基本構造に支えられる「市場原理」「市場制度」を求めていく覚悟が必要なことを示唆します。単なる「市場原理」ではなく、普遍的倫理意識に支えられた「倫理的市場原理」を、われわれは模索していく覚悟が求められるということになります。

第3章では、国際政治に目を転じ、国際社会正義について議論します。世界人権宣言第二五条で謳われている社会経済的人権、すなわち「すべて人は、衣食住、医療及び必要な社会的施設等により、自己及び家族の健康、及び福祉に十分な生活水準を保持する権利」は、現在のところ残念ながら、国際社会では、誰にでも保障されているわけではありません。同じ社会において、基本的人権が保障されていない人と保障されている人がいることは、やはり「公平としての正義」とは言えないのです。国際社会において、社会経済的人権保護を執行することを正当化する原理原則、逆に言えば、人権保護にばらつきのあること（格差）を容認する論理は、どのように捉えられるべきなのかを議論します。

トーマス・ネーゲル（Thomas Nagel）は、義務上論かつ自由主義的立場からの倫理および政治論への貢献で知られる政治学者です。本書は、ネーゲルの、国際政治および政治的概念に対する現実的な捉え方を支持します。加えて、本書は、彼の「最低限守られるべき人道的道徳規範」（Minimum Humanitarian Morality）の概念に関心を持ちます。ネーゲルの主張を整理すると次のようになると思われます（第3章第1節）。

①国家主権（場合によっては民族自決権）と国際社会正義とは、必ずしも両立しない。著しい人権弾圧が行われていても、それは基本的に「国内問題」である。なぜなら、国際的に正義を執行する統一的制度が存在しないからである。

②地球市民的意識を持つことにより、究極的には、主権国家を解体し、世界統一政府を樹立することを目指すコスモポリタン派の主張は、非現実的である。「最低限守られるべき道徳規範」を共有し、同じ国際社会に生きるメンバーは平等であるべきであるという共同意識を育て、その平等を守るための「協同責任」を醸成していく政治構想派の主張が、より現実的である。

③この醸成過程においては、著しい人権弾圧を行っている国家に対し、経済的あるいは軍事的制裁オプションを有する国（協同責任を果たそうとする国）が、レジーム・チェンジ—そのオプションを行使すること—（場合によっては、恣意的な介入となることもありうること）もやむを得ない。

ネーゲルの洞察は現実的で示唆深いものがあります。一方、現実的すぎて、現在の、軍事的寡占を基盤とする国際秩序を追認するだけになるおそれもあります。現在の軍事へゲモニーによって維持されている国際秩序を、はたして、国際社会正義へと向かう過程として捉えられるのでしょうか。どのような条件であれば、われわれは国際的不平等を看過できるのか、どのような条件であれば、不平等を正すために、正義を行使することに挑戦すべきなのかについては、ネーゲル論では明らかにされていません。

日本に対し有事が発生した際は、米国が防衛し、あるいは、差し迫った脅威を除くための先制攻撃も米国が行う、という片務的日米軍事同盟の大枠の中で、戦後日本の「立ち位置」は、概ね「米国追従」で決まっており、自ら「立ち位置」や、依るべき原理原則を考えることもなかったといえます。米国追従以外の外交オプションを、日本が手にすることを許されていない面もあったことから、これも、未曽有の財政難を目の前にしている国内同様、「ホールドアップ（お手上げ）」状態にあるといえます。

はたして、ある特定の国による、軍事力の寡占によって維持されている国際秩序のなかで、今後も「米国追従」という立ち位置を取り続けることができるのでしょうか。米国との安全保障関係から、ある国への経済制裁に入ったり（あるいは入らなかったり）、また、米国やその同盟国による軍事的制裁を、少なくとも、日本国内ではほとんど議論せず、支持したりする立ち位置で構わないのでしょうか。その立ち位置が、北朝鮮や韓国、中国、ロシア等との、領土問題を含む二国間の懸案事項を処理していくことの担保になっているのでしょうか。

本書は、日本が軍事オプションを持つべきかどうかの議論に、国際秩序維持あるいは国際社会正義を執行するために、日本あるいはその国民として、どういう立ち位置に立ち、何をなすべきかとの観点がないことを指摘します。憲法九条を巡る護憲・改憲の国内議論は、基本的に、自国の安全保障の観点からのものに終始しており、国際社会正義を執行するために必要かどうか、という「覚悟」の観点からのものは、ほとんど見られません。軍事制裁オプションを持たないのであれば、軍事制裁オプションの制約を受けている国としての、国際社会（特に軍事的優位を持つ諸国）と向かい合う「覚悟」が必要と考えます。当面は、人道援助あるいはレジーム・チェンジの正当性に対する、国際社会のコンセンサスづくりへの貢献こそ、その覚悟であることを主張します。

第4章は、国際金融に目を転じ「経済の金融化」に歯止めをかけるために、日本が調整すべき「ビジネス倫理（Ethics）」とはどういうものか、米国型金融仲介様式とは異なる代替様式をどのように模索すべきかについて議論します。

相対的な経済力は低下しているものの、日本は、依然として経済大国です。G8あるいはG20の主要メンバーとして、世界経済の持続的発展、およびグローバル金融・通貨危機回避に貢献する責任を負っています。周期的に繰り返される金融不安に対し、どのような予防策、処方を講ずることができるのでしょうか。また、「経営者資本主義」から「投資家資本主義」への移行、金融業が実体経済に対する支配権を強化していく「経済の金融化」の傾向（そのことが、経済のみならず、社会、政治、教育などにも歪みをもたらす現象）に、歯止めをかけることができるのでしょうか。日本は、米国型の市場原理主義への盲従には反省する向きはあるものの、市場原理主義に対抗する代替の原理原則を打ち立てようとはしていません。

本書では、金融市場がなぜ脆弱なのかについて、ケインズおよびポスト・ケインズ派の「不確実性」に対する研究をベースに議論します（第4章第1節）。そのうえで、米国型の金融仲介様式が、どのように「不確実性」を分散・吸収しているのかを整理します（第4章第2節）。様々なタイプの「アニマル・スピリット」を持つ多様性のある投資家層の厚みがあればこそ、成長あるいは変化していく経済における、多種多様な経済活動がファイナンスされます。この投資家層が全体として、多種多様なリスクや不確実性を吸収する力と規模がある限り、こうした投資家層が基盤となっている金融市場は、経済のダイナミズムを支えます。こうした金融構造を持つ米国は、比類なき強さを持っていると言えます。一方、その米国でさえ、不確実性を吸収するキャパシティを超えた金融市場の暴走―二〇〇七―二〇〇八年サブプライムローン危機―をとめることはできませんでした。

米国における金融市場の暴走―金融市場がまさに賭博場と化す実態をみるにつけ、米国型への盲従が、日本にとって、また世界にとって望ましい方向とは思えません。第2章で議論するとおり、「市場原理」にただすがっていては、金融市場の暴走は防ぐことはできないのです。本書では、イスラム金融仲介様式がもつ倫理規範について整理しています（第4章第3節）。イスラム金融では、利益とリスクとを分け合うこと、透明性のある契約、売買取引、正義と公正に基づく活動が奨励されます。資金提供者のリスクシェアリング許容範囲内で、しかも、リスクの所在があいまいだったり、契約内容があいまいな取引は禁止されるという規範体系のなかで、遂行されるべき事業・投資が選ばれていくというのは、非常に示唆深いものがあります。

公平な資源再配分――「正義」――には、ビジネス「倫理」に支えられた「市場」が必要であること、逆に言えば、ビジネス倫理のない市場原理に、資源再配分を委ねても、公平な社会には行き着きません。「社会正義」や「倫理」「相互信頼」を、いかに競争・利益追求とともに達成すべきなのでしょうか。経済のグローバル化の中で、アジア金融市場、イスラム金融市場の役割も増してきています。アジアに位置し、東洋の倫理・道徳観の伝統を有する日本は、アジアやイスラム金融に見られる倫理・制度的特徴を吟味し、グローバルな金融危機を回避する金融制度・金融仲介様式を提起する立ち位置を考えるべきであることを主張します。

第1章　立ち位置を考える視座
――日本社会が求めるべき「社会正義」原理とは？――

本章では、「立ち位置」あるいは進む「方向」を考えるための視点・視座を、日本社会が求めるべき社会正義とは何か、というテーマに沿って考えてみたいと思います。日本は今、未曾有の財政難に直面しています。多くの学者や評論家が指摘するとおり、社会支出の中で、高齢支出の割合が高く、現役世代を受給者とした支出項目の割合が低いのが、日本の特徴であり、一方、負担面では、現役世代が主に負担し、それを高齢世代に移転する構造となっています（西沢［二〇一二］等）。結果として、世代間格差の問題が深刻化しています。後述するとおり、現役世代と高齢世代との公平性を損なったまま、現在の社会保障関係制度を維持していくことは、財政的に困難です。では、どのように、限りのある資源を配分・再配分していけばよいのでしょうか。超高齢社会に対応するにはどのように構えるべきなのでしょうか。大事なことは、より公平で、広く国民に受け入れられる方向性を議論していくことです。

本書は、米国に見られる市場競争原理に基づく新保守主義、あるいは、英国に見られる新平等主義的福祉国家型資本主義の方向ではなく、**「機会の平等」を徹底的に求めていく「初期所有条件平等下の民主主義」の方向を日本は検討すべきである、**と主張したいと思います。初期所有条件平等下の民主主義とは、耳慣れない表現ですが、Property-Owning Democracy を意訳したもので、具体的には、①個人が生きている間（生前）は、自由競争市場の中で、稼ぎ、蓄積した財産は自由に消費することを奨励し、一方、次世代への相続・贈与については、基本的には認めず、遺産については国庫（社会）に納入、還元してもらう（当面、公的債務がGDP規模に縮小するまで）。②財政は、教育や能力開発のための「機会の平等」をはかることを重視し、社会保障関連費については、自己負担を求め、抑制する、という方向を、模索することを提案します。

1　初期所有条件平等下の民主主義とは何か

初期所有条件平等下の民主主義とは何でしょうか。やや話は長くなりますが、この立ち位置を説明するため、「小さな政府」を志向する勢力（経済学でいえば、新古典派理論に基づく主流経済学）と「大きな政府」を志向する勢力（ケインズの経済学から派生する異端経済学）との、それぞれの立ち位置を整理することから始めます。

表1-1　「小さな政府」志向と「大きな政府」志向とのキーワード比較

「小さな政府」志向	「大きな政府」志向
自由主義	平等主義
新古典派経済学	ケインズの経済学
市場競争原理	市場原理主義への警戒
自由放任・自己責任原則	大衆民主主義・福祉国家

出典：筆者作成.

「小さな政府」支持者が大事に考えているのは「自由」です。基本的に、経済活動（資源配分および私有財産権行使）については、規制を受けず、自ら自由に決めたいとの構えになります。歴史的に言えば、英国における大地主・領主層が、自らの領地を自由に支配したいという政治的欲求から、国家の介入（特に徴税権の行使）に対し、反対の立場をとる構えがありました。この思想が、特に、高所得層を中心として個人レベルに広がり、政府は、必要最小限の役割を担うべきであり（小さな政府）、経済主体に対しては、自由放任（レッセフェール）が望ましいとの構えとなります（同時に、自分の経済行動が失敗した場合は、自分の責任であるという自己責任原則も生まれてきます）。ここに、新古典派経済学者が唱える「市場原理」に基づく自由主義が結び付きます。自由競争市場こそ、最適かつ効率的な資源配分を促し、われわれの経済を均衡に導くとの信仰から「小さな政府」が支持されます。

これに対し、「大きな政府」支持者が大事に考えているのは「平等」です。資本主義は、われわれに経済的豊かさをもたらす一方で、「格差」をもたらすことを問題視します。そして、その格差是正に努めるべきであるとの構えとなります。人間は、倫理的な意味で、あるいは、基本的自由を等しく保持すべき主体として平等です。しかし、能力においては違いがあり、また、運不運によっても、その所得や蓄積される私有財産には違いがでてきます。そうした「結果の不平等（格差）」は「機会の平等」を阻害するおそれがあります。所得の高い層の子供たちだけが、質の高い教育や質の高い医療を受ける機会を与えられたりすることは、結果の不平等を固定化させてしまう懼れが生じます。また、格差の拡大は、社会の歪みや政治的不安定を生むことから、「大きな政府」支持者は、資本主義が、おろそかにしがちな基本的生存権保護とともに、国家による福祉の充実を求めます。これに、ケインズの経済学が結び付きます。ケインズの経済学は、市場原理が必ずしも最適かつ有効な資源配分を約束しないという意味の「市場の失敗」を重視し、われわれの経済が均衡に至ることはきわめてまれなことで、むしろ、均衡からいったん離れると、経済はさらに悪化することになりかねないこと（ナイフ・エッジ論）を主張します。将来は誰にもわからない、という意味での不確実性のなかで、市場は時として、有効な資源配分に失敗し、また市場は時として、暴走をみせます。したがって、市場に資源配分を委ねるだけではなく、適切に政府は市場に介入し（大きな政府）、経済政策を行い、福祉の増大をはかるべきであるとの構えとなります。

「大きな政府」は、旧ソヴィエト型計画経済的社会主義【中央集権的計画に基づき、資源配分を行い、究極的には、勤勉なる全ての人が平等かつ公平な資源配分を享受する共産社会を目指すイデオロギー】の文脈でも語られますが、西側諸国における「大衆民主主義」の流れのなかでも語られます。経済社会の多様化・高度化を受けて、大衆は、年金、医療、生活環境、雇用、経済政策等々、多くの分野において、国家（政府）に様々なことを要請するようになり、「大きな政府」への志向は「福祉国家」を育む一方で、国家財政負担を増大させていきます。経済が成熟し、税収の伸びがあまり期待できなくなってくると、財政予算の制約が強まり、「大きな政府」論は、福祉の享受および負担の公平性・平等感をどう求めればよいかという、新たな問いに悩まされることになります。

レッセフェール（自由放任）型の市場原理的資本主義と、旧ソヴィエト型計画経済的社会主義、あるいはケインズ経済型政府介入主義とを両極とした場合、現在、世界の全ての国家は、程度の差はあれ、この中間型に位置づけられます。市場原理主義・自由競争主義者も、「市場」に資源配分、経済問題の処理を委ねられないケース（例えば、金融システムの安定化、銀行の連鎖倒産を防ぐための預金者保護や公的資金の注入。初期投資があまりに大きいため、地域独占になりやすい、電力・ガスや鉄道等の公共インフラ事業への監視。生活環境を守るためのゴミの収集・焼却事業のような公共財の提供等）や、経済的弱者に対するセイフティ・ネット（失業保険や生活保護）の提供など、市場では解決できない問題について、一定の政府の介入、格差是正のための利益再配分を是とします。一方、社会主義者も、計画経済における諸問題、例えば、労働者・経済主体における労働インセンティブの低下や、中央における資源配分計画のための情報収集コストの増大、あるいは情報ロス等の問題について認識しており、「市場」

原理を取り入れ、有効な資源配分に役立てることを是とします。政府介入主義者も、増大する財政赤字問題の解決に向けて、歳出のプライオリティを考えざるを得ず、市場あるいは民間イニシアティブに委ねられるものは委ねていくことを是とします。

物理的および人的資本の分配には、深刻な格差があることを認めつつ、市場競争において生じる結果の格差を、政府が、再分配のための税および移転プログラムを通じて、減らすことを求めるやり方を、福祉国家型資本主義（Welfare-state Capitalism）と呼びます。一方で、市場原理導入型社会主義【資源配分の平等化を理想に掲げ、私有財産権を国家が制限しつつも、市場原理、競争原理を取り入れ、一定の格差を、労働インセンティブを与えるものとして容認する】のやり方とは、政治的イデオロギーの違いはあれ、その違いは、経済的には収斂される方向にあります。こうした見方からすれば、世界の全ての国家は、程度の差はあっても、経済的には「福祉国家」（あるいは福祉国家型資本主義）と言えます。言いかえれば、どの国家も、「自由主義」と「平等主義」との目指す方向のウェイトには違いはあれ、ハイブリッド型である点において、違いはそれほどありません。米国は伝統的に「自由主義」―ロナルド・ドーア曰く「自己利益の追求を、人間にとって当然の基本的な動機付けとして、他人の利益追求を妨害しない程度に規制しても自由に行わせるべきであるという思想」―の色合いが強いですし、英国は、社会民主主義運動の歴史から、かつて「ゆりかごから墓場まで」と称された福祉国家を育みました。また、日本は、ドーア曰く「もちろんお金はありがたいものだが、人間がなぜ一生懸命、かつ良心的に、創造性と起業家精神を発揮して働くかと問われれば、お金はその理由のごく一部にすぎない。仕事自体の充実感や、職場の結束、取引関係やその他の社会関係から生まれる義理や人情、さらに働く環境での権力や報酬の配分が公正であるかどうかといった【公平観】などを重要視する態度」〔ドーア 二〇一一：五─六〕を基盤とする、ネットワーク重視型の様式を育んだ歴史があります。

福祉国家、あるいは福祉国家型資本主義は、市場原理的資本主義（右派、あるいは保守派と呼応します）と、社会主義、あるいは政府介入主義（左派と呼応します）との中間型ではありますが、現在、世界の政治経済を牽引する国家が、どの方向に向かっているのか、その方向性、および手段の合理性について議論を深める必要があります。大きな流れとして、西側諸国、特に英国そして日本においては、財政再建・歳出削減が、政治経済政策上の最重要課題となり、その手段として、保守化の方向が見られます（米国における「新保守主義」の踏襲とも捉えられます）。言うならば、行き過ぎた「平等主義」を、市場原理に基づく「自由主義」により修正し、財政再建とともに、市場競争原理と自己責任原則に基づくパラダイムを求める方向となります（アングロ・アメリカン様式への収斂ともいえます）。

英国において、広がる所得と富の格差問題（同時に重くなる財政負担問題）への対応として、近時、議論されてきたのが「新平等主義」（New Egalitarianism）です。Diamond and Giddens〔2005〕が、従来、左派が唱えてきた「旧」平等主義と、「新」平等主義との違いを次のように整理しています。

①旧平等主義は、経済的保障や再配分を、基本的関心事項として優先に考え、経済のダイナミズム（活性）については、より偶発的なものとして捉えていた。一方、新平等主義は、所得と富の配分が、経済に対し、長期的な影響を及ぼすことから、経済の生産効率を高めることが、政府にとって重要であるとの考えを支持する。

②旧平等主義は、階級による差別を取り除き、地位の平等を求めることに関心を持っていた。新平等主義は、これまで以上に、多様化する社会の文脈において、レベルを下げて平等化するのではなく、レベルを上げることにより、世代を通して、人生のチャンスを平等化することに関心を持つ。

③旧平等主義は、社会正義は、国家の境界内でのみ達成可能であり、その変革は、階級ごとの連帯に基づく、国家レベルの連合があってはじめてなされると考えていた。新平等主義は、グローバル化の影響の強さを認識し、倫理的および文化的多様性と、より強固な福祉国家を達成する上で求められる社会の連帯との、トレードオフの関係を受け入れる。新平等主義において、われわれは、統合への新しい焦点を求め、新たに社会に入ってくる人を含め、社会の連帯感を維持する国家の、アイデンティティを形成する方法を探す。これらの緊張は、現代社会において、いわば「ニューエコノミー」から、恩恵を受ける傾向のあるコスモポリタン的ミドルクラス層と、経済的に上位のクラスにいくための、基礎的スキルや資格のない層との衝突に関係し

ている。

④旧平等主義は、権利を、無条件の（当然の）要求とみなす傾向にあった。新平等主義は、権利を、相応の責任と結び付ける。

⑤新平等主義は、伝統的な所得再配分—結果の平等—そのものより、主として、機会をより広げることに、主として焦点を充てる。今なお、かなりの程度において、両者（機会の平等と結果の平等）は、互いに補強しあう関係にある。左派の伝統的な分配上の目標は、所得の再配分や、連帯感を醸成する労働賃金政策を通じたものだけではなく、資産や生産的素養の原初配分を見直すアクションを通じて、追及されるべきである（Diamond and Giddens［2005: 106-108］、筆者意訳）。

英国における新平等主義の台頭には、福祉の充実が、財政的に行き詰まりを見せ、手厚い（あるいは手厚すぎた）福祉予算を削減せざるを得ない事情と、その一方で、経済活性化をはかる上で、経済的インセンティブをどのように与えるべきか—その答えを、現時点では「市場競争原理」に委ねざるを得ない、という背景があります。納税者として、どのような予算配分を、公平なもの（妥当なもの）として受け入れられるのか、歳出に回せる予算が限られるなかで、どのような格差を是正することが優先されるべきなのかが、より強く、問われ始めたのです。Diamond and Giddens［2005］が指摘する「新平等主義」は、事後的な補償ではなく、個々人にとって、より多くの自己実現をはかる「機会」を増やすことに繋がる能力開発への投資を優先します。しかし、左派の中でも、新平等主義の方向性については、議論があるようです。

英国労働党の新しいリーダーとなった、エドワード・ミリバンド（Edward Miliband）も、格差問題を考えるための、新たな左派の枠組み―新平等主義―を提案しています。彼は、世界経済のグローバル化が進んだことで、特にスキルや才能に対する国際マーケットのグローバル化が、二つの効果をもたらしたと指摘します。一つは、トップ層への報酬が増えることによる、格差の広がりであり、もう一つは、才能を持った人が海外に流出するおそれから、一つの国家内で、格差を抑えることが難しくなっていることです。英国の場合、「社会は、より個人的になり、平等の鼓動は深刻な危険にさらされてきている。外的要因は、より格差を広げ、格差の是正をすることが難しくなっている」［Miliband 2005］。それでも彼は、結果と機会は、双方に補完的であるべきことから、両方とも重要であることを主張します。「今日において、厳格な結果の平等を求めることを信ずる進歩主義者は、もはやいない。しかしながら、結果における非常に大きな格差、特に、所得分配における、底辺層の深刻な貧困がありながら、機会における、純粋な平等を達成することはさらに難しい」［*ibid.* 50］。ミリバンドの新平等主義の概念は、Diamond and Giddens［2005］に比べ、機会同様、結果にも、依然関心を持つべきであり、最も恵まれていない人の地位を優先する、との立場にありますが、その一方で、無条件での所得分配ではなく、受給者には相応の責任を要求する必要がある、との考えを展開しています。

英国における大きな流れとしては（米国は既にそうした流れにありますが）、結果の平等を求める、という意味での「格差是正」を施すことにブレーキを踏みはじめた、ということになります。歴史を紐解けば、格差是正がもたらす、経済へのプラスの効果を、明らかに認める一方で、格差是正にこだわりすぎると、所有権制度に影響を与え、その結果、経済に悪影響があり、その悪影響は社会を構成する全員に及びかねないことを指摘したのは、ジェレミー・ベンサム（Jeremy Bentham）でした。ベンサム以降、マクロ的に測られる経済価値の最大化と、利益分配とのどちらを優先すべきか、経済学の議論においては、ある種の緊張関係がみられます。ベンサムは明示的に、二次的にではあるものの、分配について関心を持っていました。ベンサムにとって、市民法の目的は、第一の目的として「必要最低限の生活」と「安全」とを向上させることであり、「格差是正」や「豊かさ」はその次とされていました。ある程度の豊かさを実現し、格差是正に利益（再）分配を行ってきた英国や米国、日本等の先進国は、皮肉なことに、社会全体の豊かさを維持するために、市場競争原理に基づき、個々人の間では、ある程度の格差を容認する方向に、大きく舵をきっています。旧平等主義に基づく格差是正に主眼を置く福祉国家を、二〇世紀的福祉国家型資本主義と呼ぶのであれば、結果の平等ではなく、機会の平等の推進と自己責任を求めていく、新平等主義に基づく福祉国家は、二一世紀的と言えます。

しかし、新平等主義（あるいは米国における新保守主義）も、財産所有の分配には大きな格差があることを認め、税や移転を通じて所得の再配分を行う「福祉国家型資本主義」の枠組みを、基本的には踏襲しています。先にふれたDiamond and Giddens [2005] は、機会の平等を達成するために、「左派の伝統的な分配上の目標は、所得の再配分や、連帯感を醸成する労働賃金政策を通じたものだけではなく、資産や生産的素養の原初配分を見直すアクションを通じて、追及されるべきである」としていますが、その具体的アクションについては、明示されていません。「公平」「平等」をどのように捉えるか、どのような条件であれば「格差」を許容するのかを考える方向として、三つの様式を吟味する必要があります。

①市場原理主義に基づく伝統的自由主義への回帰

米国における新保守主義と呼応する方向。キーワードとしては、自由主義、私有財産の自由、自由競争市場、自己責任原則、最小限の社会的セイフティ・ネット、小さな政府など。

②新平等主義に基づく二一世紀的福祉国家型資本主義

英国における左派が模索している新平等主義と呼応する方向。キーワードとしては、機会の平等、能力開発への投資、経済成長を促す競争インセンティブ、権利と義務とのバランスなど。

表1－2　新平等主義と初期所有条件平等下の民主主義との比較

新平等主義に基づく福祉国家型資本主義	初期所有条件平等下の民主主義
「結果の平等」と「機会の平等」とのバランスを求める	「機会の平等」を徹底的に求める（その結果，結果の格差は小さくなることを期待する）
（基本的には）事後の格差是正	事前の格差是正
権利と義務とのバランスを求める	自由競争市場における自己責任原則

出典：筆者作成.

③ 初期所有条件平等下の民主主義

福祉国家型資本主義の方向とは異なり、原初私有財産所有の実質的な平等化を求め、人的資本への投資機会を、より平等にすることにより、市場制度がもたらす格差を、より小さくすることを目的とする方向。これを、Krouse and McPherson［1998］は、ジョン・ロールズが掲げる理想的な私有財産レジームとして、「Property-Owning Democracy」（本書では、初期所有条件平等下の民主主義と訳します）と呼んでいます。

一般的な福祉国家型資本主義は、物理的および人的資本の分配には、深刻な階級格差があることを認めつつ、市場制度における結果の格差を、再分配のための税および移転プログラムを通じて、減らすことを求めます。対照的に、初期所有条件平等下の民主主義は、財産および富の基本的分配における格差を極力減らし、人的資本への投資機会を、より平等にすることにより、市場制度がもたらす格差をより小さくすることを目的とします。すなわち、福祉国家型資本主義が、事後の格差是正を行うのに対し、初期所有条件平等下の民主主義は、事前（市場での競争前）の格差是正を行うことに主眼を置きます。教育や能力開発の機会については、徹底的にその格差をなくすことに主眼を置き、一方で、自由競争的市場に資源配分は委ね、そこで生ずる格差（勝ち負け）については、競争の結果として、最小限度のセイフティ・ネットを供給する以外は、市場に委ねる、との構えとなります。

次節で、初期所有条件平等下の民主主義の、理論的支柱となっているジョン・ロールズの正義論について、もう少し掘り下げてみます。

2　ジョン・ロールズの正義論

ジョン・ロールズ（John Rawls）は、米国の政治哲学者であり、アマルティア・セン（Amartya Sen）は、彼を「われわれの時代の指導的政治哲学者」と称しています［Sen 2010］。ロールズの公平としての正義論（註）は、「公正なる制度」を打ち立てる「正義の諸原則」を考察した、画期的なアプローチとして広く知られ、政治哲学、厚生経済学および法理論において、大きな影響力を及ぼし続けています。(1)

註・ロールズの *A Theory of Justice* は、日本では「正義論」と訳されることが多いようです（川本ほかによる翻訳等、Rawls［1971：邦訳 二〇一〇］参照）。日本語の「正義」には、善なる価値としての意味合いがあり、ロールズが議論するJusticeの訳としては、やや強すぎる（ややミスリーディングな面がある）のは否めません。一方、Justiceの訳として「衡平」がありますが、「衡平論」「衡平理論」というのは、日本語として定着していません。本書では、Justiceの訳を、やや不本意ながら「正義」としておきます。なお、形容詞としてのJustは「公正な」「公正なる」と訳し、Fairnessは「公平」と訳しています。

彼の、公平としての正義論は、自由な市民による社会—そこでは、各人が、平等な基本的権利を持ち、平等的な経済システムにおいて協力しあう社会—を描いています。彼の考察は、政治的自由主義の視点から、民主政治制度における政治権力の合法的な行使（制限）に及び、それが、いかに社会の持続的調和に資するかを示そうとします。ここでは、初期状態（Original position、原初状態とも訳されます）で選択されるべきとされる、ロールズの正義論の核をなす二つの正義原理を中心に概観します。ロールズ理論は、各方面からの批判はありますが、機会の平等性を保障する基盤制度をどのように整備するかを考える上で、現在においても、示唆深いものがあります。

ロールズにとって、「社会の基本構造」こそ、正義であることを求められるべき主体です。社会の基本構造とは、思想の自由や、良心の自由に対する法的保障や、競争的市場制度、生産手段における私有財産権、および一夫一婦制の家族制度等の、主要な社会制度・ルールが、どのように基本的権

社会正義原理
① 基本的権利と義務を平等に割り当てる
② 富や権限の格差は，その格差が結果として全員のメリットになり，特に，社会で最も不遇なメンバーの便益を補正する場合にのみ認められる

⇩ 社会の基本構造は正義原理に沿うべきである

社会の基本構造
（基本的自由に対する法的保障・自由競争市場制度・私有財産権等の社会制度が織りなす，基本的権利・義務の分配ルールの体系）

図１－１　ロールズの社会正義原理と社会の基本構造

出典：筆者作成.

利・義務を分配し、社会的協働がもたらす恩恵を分けるかを決めているか、その決め方を指しています［Rawls 1971: 7］。ロールズは、もし社会におけるゲームのルールに不平等があれば、社会正義原理が適用され、その不平等が是正されるべきである、と主張します。

ロールズの議論の中心には、彼が選んだ、初期状態における正義の二つの原理があります。第一原理として「各人は、最も広範な基本的自由に対する平等なる権利を保持すべきであり、その範囲は、他の人々が有する、同様の自由に対する権利と両立可能であることが求められる」。第二原理（格差原理）としては「社会的、経済的格差は、（a）そうした格差がすべての人のメリットに繋がるものと合理的に期待できる場合、および（b）そうした格差は、全員がなりうる地位や職務にかかわる場合にのみ、認められる」［*ibid.* 60］。この二つの原理は、「正義」の、より一般的概念として次のように捉えられます。「すべての社会的な諸価値―自由と機会、所得と富、自尊の社会的諸基礎―

は、これらの一部または全部の不平等な分配がすべての人のメリットにならない限り、平等に分配されるべきである」[*ibid.* 62]。純粋な手続的正義概念［*ibid.* 83-90］を「分配」面に適用する際、「公正な政治政体と、公正な経済的社会的制度の取りきめを含む、公正な基本構造の裏付けがあってはじめて、公正なる手続の前提が存在すると言える」[*ibid.* 87]。ロールズによれば、様々な諸制度は、前述の二つの正義原理に基づかなければならないとされます。

社会正義の構想は、ロールズによれば、社会の基礎構造の分配面を評価する「社会的理想」としての基準を提供するものとして、考えられています。この基準は、他の価値観や美徳、例えば、効率的なのか非効率なのか等の価値を判定する諸原理と混同すべきではないとされます。ロールズは、自分自身の利益を追求することに関心のある、自由で合理的な人々が、自分たちが所属する社会の根本条項を規定するところの「平等なる」初期状態において、受け入れると思われる原理を理解しようとします。初期状態において受け入れられるべき正義の諸原理が、以降のあらゆる合意を統制するものとなり、社会的協働への参加形態や、設立されうる統治形態をも、明確に定めることになると考えるのです［*ibid.* 11］。ロールズは、このような正義の原理の概念化を「公平としての正義（Justice as fairness）」と呼び、社会の基本構造のための正義の諸原則は、初期における社会契約の目的そのものと捉えています(2)。

ロールズによれば、選択される原則は、他の人にも受け入れられなければなりません。なぜなら、個々人は平等で、イマヌエル・カント（Immanuel Kant）曰く、すべて人類は「自由で平等」であるためです［*ibid.* 252］。ロールズは、カントの自律性・自主性の概念の手続的（あるいは超越論的）解釈として、初期状態を捉えています。「目的の王国を規定する諸原則は、この（初期）状態で選択されるものであり、この状況を記述することにより、われわれは、これらの諸原則からの行動が、われわれ人間が本来、自由で平等な合理的人間であることを示すという意味を説明することができる」［*ibid.* 256］。ロールズは、もし正義の諸原理が、正しく、社会の基本構造の原初状態に導入されれば、われわれは、「手段的」に合理的になりうることを期待しています。

ロールズ理論の根底に流れる前提は、初期賦与を十分に平等にすることは、競争的経済のダイナミズムを損なうことはなく、公正な基本構造により、（税による再配分前の）所得や富の配分上の大きな格差が生まれることを避けることができるというものです［Krouse and McPherson 1998: 93］。並行して、ロールズが強調しているのは、「倫理的観点からみて、任意かつ無作為に生ずる」社会的偶発や運に対する対称化です［Rawls 1971: 72］。ロールズにとって、社会の基本構造が、個人の利益にかなうようにデザインされるべきとしつつ、「社会秩序は全員にとって、特に、最も恵まれない人にとって、正当化されるべきである。この意味において、社会秩序は平等なものである」［*ibid.* 102–103］。ここにおいて、「格差」原理（Rawls［1971: 102］, Krouse and McPherson［1998: 89–94］参照）は、「他者への思いやり」や「相互依存」、言いかえれば、相互利益の原則の構想を表現しています［Rawls

1971: 102]。公平なる正義において、ロールズによれば、「社会は、相互利益のための協同事業と解釈される。この基本構造は、より多くの利益をもたらすように人びとを協働させ、その利益の取り分を要求することを認めるルールを定める公的システムといえる」[*ibid.* 84]。

　ロールズによれば、純粋な手続的正義には、支えとなる枠組みにおいて、「競争的市場」が制度化されることが必要となります。また、権利と義務とを公平に分配する、しっかりとした所有権制度は、労働や資本投下と将来の報酬との因果予測とインセンティブを生むことにより、投資や長期計画をさらに促すものと考えられています。すなわち、ロールズの主張は、**初期状況における賦与の平等主義と、競争的市場にその後の資源配分を委ねる政治経済的自由主義との組み合わせを支持している**と言えます。しかし、Krouse and McPherson [1998] が指摘するように、ロールズの公平な私有財産制度については、次の問いが投げかけられます。第一に、そのような制度は、いったん創られれば、時間がたっても綻びがでることはないのでしょうか。第二に、財産所有において、現に大きな格差があることを前提に、このような制度を推進するには、どのような政策がとれるのでしょうか。

　ロールズは、「市場」が、平等なる自由や、機会均等の公平性を確保するための重要な手段となることを期待しています。ロールズにとって、市場原理は、政治経済における公平さを保障する手段として、官僚主義や国家社会主義を排除することに直結しています [Krouse and McPherson 1998: 81]。もちろん、現実には、市場原理が有効に働かない「市場の失敗 (Market failure)」の構造的欠陥は常につきまといます（第1章第1節）。市場の失敗による、資源分配の非効率を是正する仕組みを、別途考えなければ、安易に、市場原理のみに配分を委ねることはできません。しかし、これは、市場原理主義に基づく自由主義への回帰策でも、新平等主義に基づく福祉国家型資本主義でも考えざるを得ない課題であり、むしろ、初期所有条件を平等化した方が、市場での配分の格差は、より受け入れられるものになる、というのがロールズの主張に沿うことになります。

ロールズ理論は、Krouse and McPherson［1998］が指摘するように、確固としたResourcist（意訳としては初期資産配分均等主義）のものです。福祉国家型資本主義（Welfare-state Capitalism）と初期所有条件平等下の民主主義（Property-Owning Democracy）という二つの代替的レジームは、政治経済において「正義」を提供する二つの代替的政策を例示しています。前者は、財産およびスキル賦与の初期分配上の格差を、所与のものと受け入れ、「事後的」に富の再配分を求めるものです。対照的に、後者は、財産やスキル賦与の「事前の」分配の平等性を、より追求するものであり、その結果、その後の再配分の手法については、それほど大きな関心を払わなくても済むことを期待する構えとなります（表1-2参照）。ロールズは、社会学者のジェームス・ミード（James Meade）の考えに従い、初期所有条件平等下の民主主義において、所有権を広く守るための主要な制度的手段として、①死亡時に、広く財産が分散されることを促す相続法や相続税制度、②質素倹約・貯蓄の奨励、③教育上の機会均等を促す公共政策、を挙げています。

前述の、英国における「新平等主義」に基づく福祉国家型資本主義には、依然として、初期賦与まで踏み込み、相続法や税制により平等化をはかることには、躊躇がみられます。新平等主義との比較において、ロールズの初期賦与平等主義の実現に、よりウェイトを置く政策の検討には、（より根源的な）公平としての正義を実現するという観点から、意義があると思われるのです。

3　日本社会が受け入れる社会正義原理とは何か

日本は、相続税率が比較的高く、高い貯蓄性向を維持し、高等教育においても幅広い教育機会を提供している国として知られています。この点からすれば、すでに日本は、比較的「初期所有条件平等下の民主主義」寄りの国として分類できるのかもしれません。日本の、格差の比較的少ない平等社会は、意図したものではないかもしれませんが、ロールズの正義原理に沿った社会福祉の増大をはかる、一つのモデルを提供できる土壌があると考えます。

二〇〇九年三月一四日のガーディアン紙に掲載された「所得格差国別順位（Income gap league table）」―上から五番目を含む高額所得者は、最も貧しい人から五番目を含む層の所得と比べ、どのくらい所得が多いのかを示す―によれば、英国における格差は、七・二倍となっており、自由主義国家の中では、最も格差のある国の一つとして紹介されています。一方、日本は、英国の半分の格差に留まるという結果となっています。同紙では、「経済格差と社会問題（Economic divides social wounds）」のチャートを掲載しており、全体として、格差のある国は、殺人や、幼児死亡率の高さや、信頼の欠落等の社会的病魔に冒されていることが示されています。それによると、日本は、他国にはないレベルで、所得が平等に配分されており、当該チャートでは、他の工業社会にくらべ、社会的問題が少ないことが指摘されています。

財産と富の集中（財産の世襲）を防ぐために、相続および贈与税の累進課税スキームを通じて、（特に若い世代の）自由および機会の公平なる均等をはかることは、ロールズが求める政府制度構造に沿うものと考えられます［Krouse and McPherson 1998: 89］。われわれは、所有権の初期賦与をどのように考えればよいのでしょうか。「すべての人に等しく与えられ、動機づけられる、達成へのほぼ公平なる見込み」［Rawls 1971: 73］を、どのように付与すべきなのでしょうか。究極的には、自由競争市場制度において得られ、蓄積された私有財産は、本人一代限りとし、財産の世襲を認めず（遺産は基本的に国庫に納入される）、一方で、教育や能力開発においては、極力、機会の平等化（成績優秀であれば奨学金を与え、特待制度を設ける等の格差をつけることは妨げない）をはかる社会経済制度を構築する方向が考えられます。

日本の平等主義、既にふれた比較的格差のない社会構造は、何に由来するのでしょうか。「日本人とは何か」「空気の研究」等の著作で知られる山本七平は、「井田制」にその一つのルーツをみています。「孟子」の一節に出てくる内容として「一里四方を一井とする。一井は九百畝、これを九等分し、真中の百畝を公田とする。まわりの八百畝を八家で百畝ずつ平等に私有し、八家が共同で公田を耕作する」（山本［一九九七：一三三］。図1－2参照。傍点は筆者による）。日本人はこれを模倣して「班田収授法」を実施し、あるいは実施しようとし、江戸時代の思想家も、この井田制から一種の平等主義を導きだしていることが指摘されています。これはまさに、初期所有条件平等下の民主主義の一つの顕現といえるのではないでしょうか。一方で、この共同体では、共同で公田を耕すという協働義務からくる「連帯感」が醸成されます。この仮説からは、「思いやり」よりは、むしろ「連帯感」が担保となっている初期所有条件の平等（それを理想と捉える思想）が、日本の平等主義の底流にあることが窺えます。

私田	私田	私田
私田	公田	私田
私田	私田	私田

図1－2　井田制概念

先にふれた、ロールズの格差原理を「他者への思いやり」と「相互依存」の観点から捉える立場［Rawls 1971: 148］は、社会学者ジェームス・コールマン（James Coleman）の言う「社会資本（Social capital）」の概念を思い出させます。コールマンは、人びとが、グループや組織において共通目的のために協働する能力は、どの程度、共同体が規範や価値観を共有し、グループの利益のためには個人の利益を劣後させることができるかによることを指摘します[3]。

ロールズの議論には、「思いやり」の概念はあるものの、ある共通目的を達成するために、組織やグループ内で、一定のルールや規範を順守し協働する「連帯感」の醸成、およびそうした連帯感を共有している仲間に対する「信頼」の概念は、ほとんど出てきません。既にふれたとおり、ロールズは、社会正義の構想を、社会の基本構造の分配面を評価するための「社会的理想」としての基準を提供するもの、として見ています［*ibid.* 9］。ロールズ理論のユニークな点は、彼は、この社会的理想を担保するものとして、人びとが共有すべき、思いやりと相互依存に求めている（その担保力・執行力についてはほとんどふれていない）点にあります［*ibid.* 149］。

ロールズのいう「原初状態」には、「羨み」（Envy）による問題は生じないとされます。ロールズは、基本的に、合理的な個人は羨みに支配されることはないという立場をとっています（少なくとも、自分と他者との差異が不義の結果ではなく、しかも、その差異が一定限度を超えていない場合は、羨みに支配されることはないとしています）［*ibid.* 530］。また、正義原理に則った秩序だった社会の様々な側面では、羨みが妬み（Jealousy）に転化し、問題化することを阻止しないまでも、和らげるよう機能されることになるとしています［Rawls 1971: 邦訳 七〇二］。

一方、社会経済学者のジョン・エルスター（Jon Elster）によれば、「羨み」は、社会をつなぐセメント（接着剤）の役割をもっているといいます。誰もが人を強く羨みたいとは思いません。従って、人をそれほど羨まなくてもよいポジションにつくように頑張るし、また、成功した人は、むやみに羨まれたくないと思うからこそ、あまり成功したところを見せないようにします（あるいは、富を社会に還元しようとします）。そうした双方向からの行動により、社会がばらばらにならず、一体化させる接着剤的役割を「羨み」が果たしているという主張があります［Elster 1989］。日本人は、Elster のいう、「羨み」を社会的に顕在させないようにする民族性を持っているのかもしれません。その結果、一体感のある集団主義的な社会構造を構築している面がある（ロナルド・ドーア始め、日本の集団主義社会構造については、多くの日本社会経済研究者が指摘するところです）一方で、一見、ロールズの主張するような、初期資産配分における「平等主義」が選好されているようにみえるものの、それはロールズにいう「格差原理」を伴う平等主義ではなく、「羨み」を社会に顕在化させまいと、いかなる格差も極力排除しようとする特有の平等感に支えられているのかもしれません(4)。

　国民の九〇％が、中流意識（中産階級意識）を持つという、人類史上はじめての国家が形成され、独特の平等意識が共有されるに至ったことに対し、山本［一九九七］は、日本人が平等以外の原則を拒否し、それを拒否することこそが民主主義であると考える傾向があることの問題点―ルールや社会的規範を予め明示しようとしないこと―についてふれています［山本 一九九七：一二三七］。一定の義務を共同で（平等に負担することにより）果たすことにより、平等に資産が分け与えられる前記井田制が掲げる理想には、まさに「平等」以外の規範は存在しません。いつしか、その規範は、機会の平等のみならず、結果の平等をも求める社会を育むことになってしまっているように思われます。既に、ある意味「結果の平等」をも求めた代償ともいえる、一〇〇〇兆円を超える公債残高を抱えながら、二〇一一年三月一一日の東日本大震災復興のための財政支出と、その財源を検討するにあたり、われわれは、公平としての「正義」の原理について、正面から議論すべきときに来ていると思います。

日本には、ロールズの正義二原理が求める、「羨み」なき平等感とは大きく異なる特徴―平等そのものの、格差のための原則を打ち立てることを避けようとする社会構造[5]―も見え隠れするものの、一定の「社会資本」―規範や価値観を共有し、グループの利益のためには個人の利益を劣後させることができる土壌―を有していると思われます。私有財産の分配・相続を含む自由を、高度に保護しつつ、社会福祉・年金をはじめとする財政支出を抑え、いきすぎた結果の平等を是正し、機会の平等とのバランスを求めようとする政策と、相続税の累進を厳しくし、より厳格に初期所得条件および教育機会の平等を求める一方で、平等な条件での競争で生じた格差はある程度許容する方向と、どちらが日本の社会構造には、より適合するか、あるいは、日本社会が抱える財政問題について、限られた時間内で、抜本的に解決策を講ずるにはどちらが望ましいか、を議論すべきです。

4　世代間格差をどのように解消していくのか

日本における国および地方の長期債務残高は、二〇一一年度末で八九四兆円の見通しとなっています（財務省財政関連基礎データ平成二三（二〇一一）年八月三日更新）。公債依存度（財政赤字の歳出に占める割合）は四七・九％、歳出規模に対する利払い費用比率は一〇・七％、ＧＤＰ比長期債務残高は一八五％に達しています（財務省財政関連基礎データ平成二三（二〇一一）年四月）。この国が抱えてしまった巨額な借金を、誰が返済するのでしょうか、誰が返済のための財源をねん出するのでしょうか、将来の世代を含む若い世代に、そのつけを回すのでしょうか、若い世代がそれに反発し、おそらくは、これまでの財政出動で比較的恩恵を受けたと思われるシニア層に、より負担を求めるのでしょうか、まさに世代間の闘争が始まろうとしています。

それにしても、巨額な負債になりました。また、その膨らむテンポも加速しています。短期債務を加えると、既に一〇〇〇兆円を超える負担に対し、ＧＤＰはその約半分の規模に留まります。この比率は、何を意味するのでしょうか。今なお、財政を発動し（有効需要を創出し）、経済成長を優先すべき（経済成長すれば歳入も増え、財政再建に貢献する）と主張するエコノミスト・政治家も散見されますが、そう単純な話とは思えません。仮に、国の借金を九〇〇兆円、ＧＤＰを四八〇兆円と置き、経済が今より追加で三％成長したとします。その場合、追加で増える歳入規模は、実効税率を四〇％に置いても、約五・七兆円程度に留まります（四八〇兆円×⊿三％×四〇％）。一方、経済成長率が、今より三％増えるということは、名目金利も同じように上昇することが考えられます（成長を促すための有効需要を創出するための資金調達が必要となり、歴史的に見ても、名目成長率と長期金利は同じような水準になります）。そうすると、国債（借金）の借り換え分から、金利条件は上昇し、単純計算すれば、元本九〇〇兆円に対し、追加の金利負担は二七兆円増加してしまうことになります（九〇〇兆円×⊿三％）。結果、差し引き、二一・三兆円の財政負担増に陥ってしまう計算となります(6)。この追加金利負担は、現在の年間税収規模である約四一兆円を考えても、とても耐えられるものではありません。結論を急げば、この巨額な負債を前に、日本経済は成長できない状態に陥っています。むしろ、ゼロ経済成長は、抜本的解決策にはなりませんが、より深刻な問題を顕在化させないためにも、皮肉なことに、望ましいとも言えます。

現在、税収の規模に対し（約四一兆円）、歳出（予算）は約九二兆円、すなわち、年間約五〇兆円の赤字を増やし続けています。この五〇兆円を埋めるため、早急に、税収アップと社会保障関係費削減の組み合わせが必要ですが、現時点では、いまだ本格的な対策は講じられていません(7)。その結果、長期債務残高が、一〇〇〇兆円あるいは一一〇〇兆円に達するのは時間の問題です。日本国の借金は、一五〇〇兆円の金融資産を有する日本の家計部門によってファイナンスされているので、マクロ的に問題ないと主張するエコノミスト・政治家もいますが、家計部門の負債を除いたネットの金融資産額は約一一〇〇兆円のレベルにあり、この水準を越える借金については、理屈としては、国内だけでファイナンス（資金調達）をすることが難しくなってきます。すなわち、近い将来、海外投資家に日本国債を、今以上購入してもらわない限り、資金がつながらなくなる事態が生じます。海外投資家に国債を購入してもらうためには、金利条件を引き上げる必要も出てくることから、この事態からも、金利条件引き上げ→追加金利負担増のシナリオに陥る可能性があります。

野田政権は消費税率を、五%から一〇%に引き上げることを、政治経済的最優先課題としてその準備を進めています。消費税五%の歳入規模は約九兆円に相当します。歳入規模からすれば、小さい額ではありませんが、この程度では、負債残高を減らす効果を期待することは、全くできません。仮に税率アップで見込まれる追加税収を全て、これまでの借金返済に充てたとしても、完済には一〇〇年かかってしまいます（九〇〇兆円÷九兆円）。すなわち、もはやフロー（年間の税収アップや歳出削減）だけで、借金を減らすことは限界があり、なんらかストックで減らすことを考えざるを得ません。より具体的には、借金の残高を、少なくともGDPの規模には近づけることを考えなくてはなりません。

日本は、経済（GDP）が成長しようとすると、借り換えの国債から金利が上がり、総じて利払い負担が増え、財政をさらに圧迫してしまうおそれがあるという大きなジレンマを抱えています。長期債務残高をせめて、GDP規模（約四八四兆円）に減らすことは急務でしょう。一方で、少子高齢社会への対応に迫られるなかで、予想される痛み―年金・医療費・社会保障費を含む歳出削減および増税―に怯え、多くの国民は、いわば「ホールドアップ」（お手上げ・問題先送り）の状況に陥っています。しかし、このまま問題を放置しておいても、いわば財政が破たんし、強烈な社会保障関連費カットにより、経済的弱者が路頭に迷うか、あるいは、国債の消化が難しくなり、最終的に日本銀行が引き受ける（通貨量の増大→貨幣価値の減少）ことに伴う急激な物価上昇に、国民経済が大打撃を受けるリスクは高いと言えます。いずれにせよ、年金・医療費を受給する側のシニア層にとって、より深刻な影響が出る可能性は高いと言えます（急激な物価上昇に年金支給額がスライドされれば、話は別ではありますが）。

このようなハードランディング（資金繰りが回らない故の、なりふり構わない社会保障関係費カットや急激な物価上昇）は避けなければなりません。避けるためにはどうすればよいのでしょうか。現時点では、金融資産への課税強化以外に、抜本的解決策は私には思い浮かびません（歳出削減努力や、場合によっては、緩やかなインフレ誘導策との組み合わせを行うことは必要と考えます）。

机上の理屈としては、日本の家計部門の金融資産の約四分の一にあたる、約四〇〇兆円を借金返済に回せば、国の借金残高をＧＤＰ規模に減らすことができます(8)。国民全員が、所有資産の多寡にかかわらず、一律、その二五％相当を税として国庫に納めれば、日本は前記のハードランディングを回避し、経済成長を再度目指すことが可能となります。しかし、この「一律」というのが「公平」なものとして、国民の少なくとも過半数に受け入れられるのでしょうか。バブル経済崩壊後、度重なる財政発動に、所得的に恩恵を受けた世代もいれば、そうした恩恵とは無縁の若い世代もいます。自分がだせるキャパシティの中とはいえ、なぜ今「一律」に負担を求められなければならないのか、不公平であるとの怨嗟の声も出るでしょう。

国民全員が納得する案はありえません。しかし、最終的に議論の拠りどころとなるのは、「正義」あるいは「公平」原理に照らして、国民全員を（納得するかはともかく）説得できる案ではないでしょうか。

各個人が、現在所有している財産は、運や、贈与や、様々な要因によってその人に帰属しているわけですが、基本的には、その人の、才覚・努力によって蓄えられたものとするのであれば、現在、国家が抱えた借金の返済を、高所得層のみがより負担することは、公平とは言えません。「一律」ということであれば、金融資産を全く持っていない国民は、なんら追加の負担をしなくても構わないということになります。一方、このまま何も対策を講じないと、所得格差は拡大し、社会的歪みがより深刻になる可能性や、低所得者を支える財政負担がさらに増大する可能性があります。その負担は、現役世代あるいは中高所得層に圧し掛かります。その一方で、最終的に前述のハードランディングに陥り、一律、年金や社会保障費がカットされた場合、相対的に低所得層がその痛手を被ることにもなりかねません。

自由主義と平等主義とを両立させることは困難です。金融資産課税を、その人が生きている間に強化することは、自由主義の観点から反対がでるでしょう。一方で、日本が抱える（日本人にとっては、自分が所属する社会が抱える）巨額の財政赤字は、世代間の格差を産み、平等主義の観点からは耐えられないレベルに達しています。ここで、われわれは「初期所有条件平等化の民主主義」の方向を模索すべきではないでしょうか。具体的には、①個人が生きている間（生前）は、自由競争市場の中で、稼ぎ、蓄積した財産は、自由に消費することを奨励し、一方、次世代への相続・贈与については、基本的には認めず、遺産については国庫（社会）に納入、還元してもらう（当面、公的債務がGDP規模に縮小するまで）。②財政は、教育や能力開発のための機会の平等をはかることを重視し、社会保障関係費については、自己負担を求め、抑制する。

アマルティア・センはその著作 *The Idea of Justice* の中で、フルート（笛）を巡る子供たちの争いの話を紹介しています。子供が三人（便宜上子供A、B、Cとします）一本のフルートを巡りけんかをしているところに、大人が通りかかる舞台設定となっています。子供Aの主張は、自分（A）だけが、フルートを吹ける能力をもっているので、そのフルートは自分がもらうべきだといいます。BもCもそのフルートをもらったとしても、吹く能力がなく、このことはBもCも認めています。これだけの情報であれば、その大人は子供Aにフルートを渡すかもしれません。これに対し、子供Bは次のように主張します。Aの親もCの親もフルートを買って子供に与える余裕はあるが、自分（B）の家は貧しく、フルートを買ってもらえる機会はない。したがって、このフルートは自分に与えられるべきであると。AもCも、自分の親に買ってもらえる機会はあることは認めているとし、Bの主張だけの情報であれば、その大人は、子供Bにフルートを渡すかもしれません。一方、子供Cによれば、このフルートは時間をかけてCが自分で作ったものだという。せっかく自分でつくったのに、それをAとB

とが取り上げようとしていると主張します。○○主義ということに置き換えれば、Ａの主張は功利主義、Ｂの主張は平等主義、Ｃの主張は自由主義ということになりますが、すべての主張を聞き終えた大人としては、誰にフルートを渡せばよいか悩んでしまうことになります。

このジレンマに対し、やはり最終的には「機会の平等」を求めていくしかないように思われます。すべての子供に、フルートを吹けるようになる機会を与え、フルートに触れる機会を与え、また、フルートを作る自由も与える環境を求めていくことになります。その機会をどう使うかは、もちろん、各子供の自由であり、子供によっては、能力開発の機会があっても、ほかの遊びに時間をつかってしまうかもしれないし、飽きて眠ってしまう子供もでてくるでしょう。しかし、能力の違いや、自己実現、所得の違いに対し、機会が平等に与えられたのか、そうではないのかによって、その受け取られ方、納得感は大きく変わってくるはずです。

超高齢社会が定着していくなかで、若い世代への教育および能力開発の機会の拡充および平等化は、世代間格差を広げないためにも、すなわち、社会正義の観点から極めて重要です。そのための財源を、現役世代の労働インセンティブを削ぐことなく、求めるとするならば、人生を全うされた方（あるいは生前でも自発的に貢献されたい方）に、社会への還元を、敬意を持って依頼することが、次世代への思いやりと相互依存の観点から、説得力のある「正義」につながるのではないでしょうか。自由と平等との両立をはかる「正義」を、すなわち「初期所有条件平等化の民主主義」の方向を受け入れる

「社会資本」を、日本社会は伝統的には持っているように思われるのです。

注

（1）一方で、センを含む多くの哲学者によって、ロールズの理論枠組みに対する、様々な課題が投げかけられている。例えば、センは、ロールズの、「正義」に対する「超越論的」アプローチ―「完璧なる」公正な社会的装置はいかにあるべきかに着目するアプローチ―に疑問を呈している。センは、むしろ、完璧ではないものの公正を目指す諸社会制度を互いに比較し、どちらを選ぶべきかを考えていく、いわば「比較」アプローチを提唱する［Sen 2009: 59］。

（2）公平としての正義において、ロールズによれば、平等なる初期状態は、伝統的な社会契約説における自然状態に相応する。これは、「正義」の構想にたどりつくべく特徴づけられる、純粋に仮説的な状況として理解される。「この状況の本質的特徴の一つとして、社会における自分の境遇、階級上の地位や社会的身分についても、もって生まれた資産や能力、知性や体力その他の分配においての運・不運についても、誰も明確には知り得ない状態にあることがあげられる」［Rawls 1971: 12］。正義の諸原理は、ロールズ曰く「無知のヴェール（A Veil of Ignorance）」の背後で選択される。なぜなら、彼の論理によれば、無知のヴェールは初期状態での人びとの交渉を極めて難しくし、社会の構築のための望ましい結果を確保することが阻害されるからとされる。それゆえ、初期状態において、特定の情報の制限を設けること（原理を打ち立てること）は極めて重要とされ［*ibid.* 140］。このような状況では、本文で挙げた二つの原理を選択することが合理的であることをロールズは主張する。すなわち、第一に「基本的権利と義務を平等に割り当てること」、および第二に「富や権限の格差は、その格差が結果として、全員の便益になり、特に、社会で最も不遇なメンバーの便益を補正する場合にのみ、みとめられること」である [*ibid.* 14-15]。彼によれば、この世の中の恣意性は、正義の諸原則に則り、初期の契約状態を保持する状況に調整されるように、是正されるべきとされる [*ibid.* 14]。

（3）ロールズの立場は、ハーバート・サイモン（Herbert Simon）が唱える、限定合理性から導き出される従順・利他主義の見解とは異なる。サイモンは、われわれの情報処理能力や認知能力には限界があり、いわば、限定合理性の制約があるからこそ、自分が所属する社会グループからの情報やアドバイスを受け入れることにより、効果を大いに高めることができるという。従順な個人ほど、従順ではないものと比べ、適応上有利に立つと、サイモンは唱えるのである [Simon 1996: 45]。事実、人には時として、個人的には、直接メリットとはならなくても、グループにとってメリットのある行動を強いられることもありうる。この負担が、従順であることの利得を損なうほど、重いものでなければ、利他的な個人は、利己的なものより、環境に適合できるとされる。このことは、なぜ利他主義が、組織や制度の中で、人間の重要な動機として存在しつづけるのかを説明している。

（4）ロールズも、羨みから発する平等形態には幾つかのパターンがありうることにふれている [Rawls 1971: 538]。すべての基本財の均等分配を主張するような厳格な平等主義は、当事者がじゅうぶんに嫉妬深い場合のみ、原初状態で採用されうるとされる（[*ibid.* 538-539]。なお、ロールズは、この厳格な平等主義形態が仮に出現するとしても、正義二原理には全く影響を与えないことを強調する）。

（5）二〇一一年三月一一日に発生した東日本大震災で、被災にあった住民が避難し生活している、ある避難所におにぎりの配布をしようとしたところ、用意したおにぎりの数（例えば四〇〇個）が避難所にいる人数（例えば五〇〇人）に足りないことがわかった。その際、差し入れ側は、結局のところ、差し入れを控えたという。各市町村で設定されている避難所運営ガイドラインには「食料、物資は、原則として全員に配給できるまで配給しません」とある。一見不合理にも感ずるが、日本特有の「平等」観・公平観をここに垣間見ることができる。自分が属するコミュニティを構成する全員が同じ負担（同じ便益）―前記のケースでは、今日の差し入れはなく、避難所全員がひもじい思いをすること―に耐える方が、少ない物資（資源）を争うよりは、ましだと考える平等観と言える。しかし、この平等主義は、有限なる資源をどのように配分すべきか、その原則を考えることを避ける傾向を生んでいる。今日の食料配布が足りない場合、高齢者や子供への配布を優先すべきか、あるいは震災による瓦礫撤去等、避難所近隣の復興に向けた労働力を提供している成人にこそ配布を優先すべきか、原則を巡りいろいろな議論、意見の相違があろう。しかしそうした議論の争いさえ、できれば避けようとする傾向―言い争って、互いに嫌な気持ちになるなら、いっそのこと、みんなで等しく我慢したほうがいい―が、日本特有の平等主義には見え隠れしている。

（6）ただし、現在の日本のように、現金流動性が高い状態であれば、ある程度は債券価格を下支えする、すなわち、長期金利は、いきなりは跳ね上がらないとの主張は、インフレ目標を設定すべしとの論者から聞かれる。しかし、インフレ期待（予想）が高まるなかで、どのように投資誘因が働き、また、どのようなセクターに、銀行の金融仲介インセンティブが働くようになるかは不確実である。ある特定セクター（例えば、不動産や貴金属等）の価格上昇を予想し、投資誘因が働いた場合、金利も上昇するシナリオは十分にありうる。

（7）財政難のマクロ的分析については西沢［二〇一一］に詳しい。西沢［二〇一一］は、こうした未曽有の財政難に陥った背景として、経年の税収の低下と社会保障関係費の増加、およびその乖離は放置し続けた政府の不作為を指摘する。加えて、社会支出の中で、高齢支出の割合が高く、現役世代を受給とした支出項目の割合が低いことが日本の特徴であることを指摘し、現役世代と高齢世代との公平性を損ない、現役世代に過度な負担がかかることによって、社会保障制度の長期的な持続可能性を危うくしていることに、警鐘をならしている。

（8）元大蔵省の高橋洋一氏は、日本政府には、約五〇〇兆円の金融資産があり、そのうち、現預金、有価証券、特殊法人への貸付金・出資金等の約三〇〇兆円を速やかに、負債圧縮に使うべきと述べている［高橋二〇一一：一六二］。しかし、特殊法人が、その資金を設備投資（固定資産保有）やサンクコストに費やしている場合、どの程度、その返済（換金性）が求められるのかは、不明な点がある（その多くは、民間でいえば、不良貸付債権化している可能性もあろう）。同氏は、特殊法人の民営化を進めるべきとの立場にあるが、その実現可能性については、政治的ハードル（特に官僚の抵抗）も高いことを指摘している。同氏は、やる気になれば、民営化は可能との立場であるが、民営化の対象となる特殊法人に、民間が投資をするだけの、収益性が期待できる法人なのかどうかも、併せてみていく必要があろう。

第2章　市場原理主義の合理性とは

第1章で、程度の差はあれ、われわれは「市場」に資源配分を委ねることを是としていることを論じました。この章では、もう少し「市場原理」について、議論してみたいと思います。次のような物語を考えてみました。

物　語

日本の、ある村での話です。その村には一〇人の農民が、田畑を耕して暮らしています。一人一人が持っている田畑はほとんど同じ広さです。作っている農作物には違いがありますが、農作物から得られている収入はほぼ同じです。昔は町の工場等に働きにでる人もいましたが、最近は町も不景気で失業者があふれています。一〇人うちの一人の農民（名前をAさんとします）が老齢のため、田畑を耕すことができなくなりました。

「このままでは、村の総生産が下がってしまう」

まず、残りの九人でAさんのために、Aさんの土地を分担して耕す案が出されました。しかし、次のように言う人がいます。

「Aさんの土地を耕して、その農作物から得られる収入でAさんを養うのであれば、Aさんのために追加の負担をする人のインセンティブがないではないか。適正なインセンティブがないと、結局、いずれは誰も分担に応じなくなり、村の総生産は下がってしまうだろう」

「そうだ。適正なインセンティブがなければ、生産性を向上させる技術向上（イノベーション）も期待できない。これまでAさんが得てきた収入の九分の一を、それぞれが耕作料としてAさんに払い、Aさんの土地の九分の一を耕作し、Aさんへの耕作料以上の収穫があれば、それは耕した本人の収入になるというインセンティブはどうか」

「耕作料（コスト）を賄える収入が保証されているのであればいいが、農作物の出来は天候にも左右されるし、市況にも影響される。また、九分の一の広さの土地で期待どおりの農作物が収穫できるかも不安だし、自分の土地を耕すのでも、かなり精一杯で、どれだけの時間を追加の耕作にあてられるか、とてもリスクはとれない。反対だ」

なかなか意見はまとまりません。

「Aさんの畑ではだいこんを作ってきた。Aさんの畑のとなりのBさんの畑では白菜を作っている。BさんがAさんの土地を借りて、だいこんをやめて全部白菜畑にするのはどうか。一緒に一括で耕作すれば、規模の経済（スケールメリット）もでるし、生産性も高まるはずだ」

「だいこんはどうするんだ。俺はたくわんが好きだし、おでんの中でもだいこんが一番好きだ。村からだいこんがなくなることには反対だ」

「だいこんがほしければ、増えた白菜を隣村で売って、だいこんを買ってくればいいんだ」

「それを言うのであれば、この村で五人は米を作っている。規模の経済のことをいうのであれば、Aさんの土地も含め、全て田んぼにして、全員で米作をしたらどうか。増えた米を隣村で売って、そのお金で必要な野菜は買えばいい」

暫し沈黙がありましたが、誰かが話しを続けます。

「生産性は高まるかもしれないが、村全体で米しか作らなくなったあとで、日照りや米特有の害虫が発生して、ある年の米作が大被害を受けたらどうする」

「隣村では大量の農薬を使って野菜を作っているとの話もある。そんな健康に悪そうな野菜を買うのは大丈夫なのか」

一方、次のような意見も出されます。

「村の総生産を維持・向上させるためには、多少のリスクがあるのは仕方がないのではないか。総生産を向上させたいと思うからこそイノベーションも起るはずだ。技術革新が村の経済成長を促すのだ」

「そうだ。村にとって大事なことは、総生産を維持・拡大させることだ。経済成長こそ村に潤いを与えるはずだ」

「しかし、生産性が向上できればいいが、それまでは、現状以上の時間をAさんの土地を耕すことに費やさなければならない。自分は、自分の土地を耕すこと以外の時間は自由に過ごしたい」

「それならば、Aさん以外の九人で、現状の収入の一〇分の一をAさんのために拠出したらどうか。全員が現状の収入の一〇分の九で生活すれば、無理をすることもないし、リスクを抱える必要もない」

「しかし、それでは村の経済はマイナス成長になってしまうではないか」

「確かに、全員が現状の収入の一〇分の九で生活すれば、あまり無理をすることはないが、Aさんのように働けなくなる人が今後増えてくるとどうなるんだ。一〇分の九で生活はできても、一〇分の五では無理だ。結局のところ、根本的な対策にはなっていない」

また、沈黙が流れます。

「聞くところ、村に来て働きたいという外国人は多い。賃金も安く雇用できるらしい。外国人に来てもらって、Aさんの土地を耕してもらったらどうか。耕作人への賃金を払うので、Aさんの取り分は減るが、村の総生産としては維持できる」

「しかし、村の風習を知らない外国人が村に入ってくるのはどうなのか。こちらも外国の習慣を知らない」

「そうだ。村の総生産よりは、今住んでいる村民の総生産を維持することが大事だ。外国人が入ってきて、彼らの所得が増えてもあまり意味はないではないか」

「どこまで、農作業ができるかわからないが、Aさんにかわるロボットを開発するのはどうか」

「いったい誰が開発するのか。誰かにロボット工学を研究させるにもお金もかかるし、時間もかかる。どれほどの性能のロボットが開発できるのかも不確実だ」

九人の意見は、村民一人あたりの生産量・所得をどう維持するかに傾いてきました。その議論を聞いていたAさんはつぶやきます。

「……わしが死ねばいいのか」

そのつぶやきを聞いた人がこたえます。

「Aさんが死んでも、だいこんをどうするかの問題は解決できない」

「まあまあ、議論はここまでにしましょう。どうも結論は出せそうもない。結局のところ、Aさんと、村以外の人も含めた、Aさんの土地に関心のある人で、決めてもらうしかないのかな……」

第1章で、アマルティア・センの「フルート」の話を紹介しましたが、この物語も、功利主義、平等主義、自由主義とのバランスをどうとるのか（あるいはバランスのとりようがないのか）という問題に関係します。結局のところ、どうにも判断できないことから、最後は「市場」に委ねるという構図が浮かび上がってきます。その最後の拠りどころというべき「市場」について、もう少し考えてみたいのです。

限りのある資源の配分―有限な財、サービス、資金や労働力の需給の不均衡を是正すること―を、市場価格による調整機能・メカニズムに委ねようとする「市場原理主義・市場競争原理」は、日本においても、経済政策を論ずる上での基本原理の一つとして受け入れられています。しかし、そのことは、どの程度、合理性のあることなのでしょうか。経済学および社会科学において、一般的に論じられる合理性とは、ある目的に対し、その目的を最も効果的に達成すると考えられる合理的な手段・行動を選択すること、すなわち「手段としての」合理性（Instrumental rationality）を指します［Hargreaves Heap 1992; Simon 1983］。目的自体の合理性を問うこと、あるいは、その善悪を問うことに躊躇する傾向が西洋科学には見え隠れするものの（この点については、後でふれます）、限りのある資源の配分を最適に行い、社会厚生を最大化しようとすることを目的とした場合、その目的に対し「市場原理」がどれほど合理的な手段なのかどうかが問われなければなりません。

市場メカニズムが、必ずしも、需給を有効にバランスさせることができない事例、すなわち「市場の失敗」があることは認めるものの（第1章第1節参照）、新古典派経済学者は、それでも「完全な」競争、すなわち、情報の偏在がなく、全ての市場参加者が価格受容者となり、超過利潤（独占利潤、あるいは独占レント）が全く発生しない状態を、社会厚生上望ましいと考えています。(1) 新古典派経済学者による静学的分析によれば、競争を通じて資源の最適配分が実現されることを示すには、消費者余剰と生産者余剰との和が、競争的均衡において最大になることを示せばよいとされます。すなわち、市場参入規制等により「独占利潤」が生じると、社会厚生上、デッドウェイト・ウェルフェア・ロス（死加重厚生損失）が生じ、その分、資源の有効配分が損なわれることが主張されます（詳細は、後述註・独占レント参照）。

しかし、有効な資源配分の目的に向けた「市場原理主義」の「手段としての」合理性は甚だ脆弱です。市場メカニズムが、必ずしも有効には需給をバランスできないケースは、情報の不完全性や情報の非対称性による「市場の失敗」―中古車市場におけるレモンの議論や、逆選択・モラルハザード効果など―として、主として情報経済学者により分析され、理論構築が深められてきていることは広く知られています。(2) 先にふれた独占レントと社会厚生の関係についても、新古典派経済学による静学的分析は、競争により、コスト削減のための強いインセンティブを生み出される点が考慮されていないことが指摘できます。新古典派モデルにおいては、生産者の限界費用曲線は、所与のものとして定められていますが、現実には、競争に勝ち、より多くの利潤（レント）を確保するために、企業はコストダウンをはかろうとしています。競争は、社会厚生上の効率性を高めるためにも必要ですが、それは、新古典派モデルが示すような「完全な」競争、すなわち、全ての市場参加者が価格受容者となり、レントが全く発生しない状況が目指されているわけではありません。現実には、一定の数の企業が、それぞれ市場価格に影響を与える力を持ちながら、生産コスト削減を求め、しのぎを削っている市場を見ることができます。また、長期的には、生産コストを削減することに繋がる「技術革新」のために、インセンティブが与えられることの重要性を、新古典派モデルは、ほとんど考慮していません。確かに、独占レントは、独占企業が生産量を抑え、価格を吊り上げることから発生し、その分、経済全体としては、資源の有効最適配分が阻害される結果が導かれます。一方、レントが全く享受できないような厳しい競争に晒されている企業は、技術革新のための投資を行なう余裕がなくなってしまうとも言えます。逆に、レントを享受できる企業は、そのレントを、将来の技術革新のための研究開発費に充てていく余裕を持つことにもなります。新古典派の静学的分析は、技術革新により、長期的に費用曲線が下方シフトしていくような動態的レント効果を無視しています（Khan［2000］、後述註・独占レント参照）。

註・独占レント

新古典派経済学において、市場参入規制やその結果生じる「独占レント」は、レントが発生しない競争的市場との対比によって語られます。新古典派による分析によれば、利益を追求しようとする企業は、追加的に一単位の生産物を生産するのに必要なコスト（限界費用）より、その販売価格（限界収入）が高ければ、生産し、逆に価格が安ければ、生産を減らそうとすると考えられます。ここでは、参入および退出障壁のない競争が前提となっており、もし、ある生産者がレント（超過利潤）を得ているのであれば、他社が参入し、競争により、価格が引き下げられるとされます。新古典派経済学派は、あらゆる財が、その限界費用と一致する価格で生産・販売される、すなわち、レントが発生しない状態が、社会全体として最も効率的に資源が利用され、効用・便益も最大化されていると主張します。この新古典派経済学派による静学的分析及び消費者余剰・生産者余剰の概念を説明します[3]。

図2-1は、横軸に、ある消費財の量をとり、縦軸に、その価格・費用をとっています。今、他の価格を一定にしたとき、この財に対する、ある一人の消費者の需要曲線がFDによって表されるとします。この需要曲線は、価格がきまるとそれに対応する需要量がきまることを示しています。例えば、価格がOPならば需要量はOQとなります。しかし、需要曲線は逆に、量から価格へと読むこともできます。例えば、この財の最初の一単位だけが供給されたときに、それを手に入れるために、この消費者が最高いくらまでの価格を支払う用意があるかと言えば、その最高価格はOFと考えられます。また、この消費者がすでに、OQより一単位少ないだけの財を入手しているとき、もう一単位余計にこの財が市場に供給されたとします。このとき、この追加一単位を入手するために、この消費者が、最高いくらまでの価格を支払うと考えられるでしょうか。図の場合、その最高価格はQEとなります。つまり、需要曲線FDは、財の量が与えられたとき、消費者がその財の追加一単位に対してつける限界評価を示すと考え

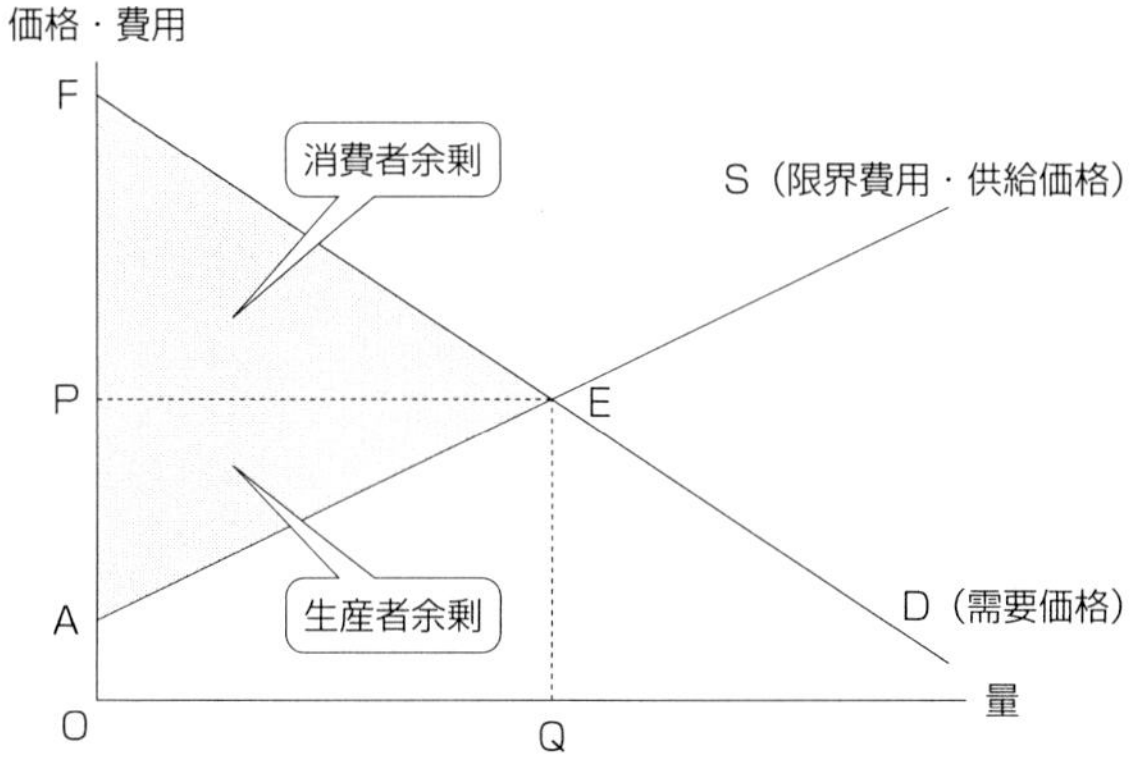

図２－１　競争的市場均衡

出典：筆者作成.

ることができます。

　財の量がＯＱのとき、この消費者がその限界単位（追加一単位）につける評価額はＱＥとなります。それではＯＱまでの財の全部に対する評価額はどれだけであると考えられでしょうか。それはＯＱまでの供給量の一単位ごとの限界評価の合計と考えることができます。最初の単位はＯＦであり、以後一単位ごとに限界評価は需要曲線ＦＤに従って低下し、最後の単位はＱＥとなりますので、評価額の合計は、限界評価をＯからＱまで積分した値、つまり図形ＦＥＱＯの面積に等しくなります。すなわち、ＯＱだけの量の財を入手するためにこの消費者が支払ってもよりと考える金額の最大はこの額と考えられるわけです。

　一方、競争市場で価格がＯＰとなるとすると、この消費財は、価格と限界単位の評価とが一致する量まで、つまりＯＱだけの量の財が需要されます。そのとき、この財の対価として支払われる金額は、価格と量との積、つまり図形ＰＥＱＯの面積に等しくなります。需要曲線は右下がりですので、図形ＰＥＱＯは図形ＦＥＱＯよりも必ず小さくなります。つまり消費者は、ＯＱに至るこの財に対して支払ってもよいと思う最高額を、支払っていないと考えられます。この消費者が、現に購入している財の量を手にいれるために支払ってもよいと考える最高額と、実際に支払う金額の差、つまり三角形ＦＥＰの面積に等しい額は「消費者余剰」と呼ばれています。

図の曲線ＡＳは、他の財の価格を一定にしたときの、この財の価格と供給量との関係をあらわしており、部分均衡分析の市場供給曲線です。今、この財は、競争的産業によって供給されており、供給曲線ＡＳは、この財を生産している各企業の限界費用曲線を集計した、産業全体としての限界費用曲線であると考えられます。すなわち、この産業にとって、最初の一単位の生産費がＯＡ、ＯＱ単位だけ生産（供給）されているとき、もう一単位余分に生産するための費用がＱＥというわけです。従って、ＯＱだけ生産するために総費用は、生産量に関係しない固定費用を無視するとすれば、図形ＡＥＱＯの面積に等しくなります。

価格がＯＰのときは、価格と限界費用とが一致するＯＱまでの量が生産され、供給されます。このときの産業の総収入は、図形ＰＥＱＯの面積に等しい額となります。競争的企業の均衡条件である限界費用逓増、すなわちＡＳ曲線が右上がりであることから、総収入ＰＥＱＯは総費用ＡＥＱＯよりも大きくなります。その差額、すなわち、三角形ＰＥＡの面積に等しい額は、産業の利潤であり「生産者余剰」ともよばれます。この余剰（利潤）は、究極的には、企業の所有者である個人投資家や従業員、すなわち家計（消費者）に、配当や給与として分配され、その分だけ、消費者の効用を高めるものと考えられるのです。

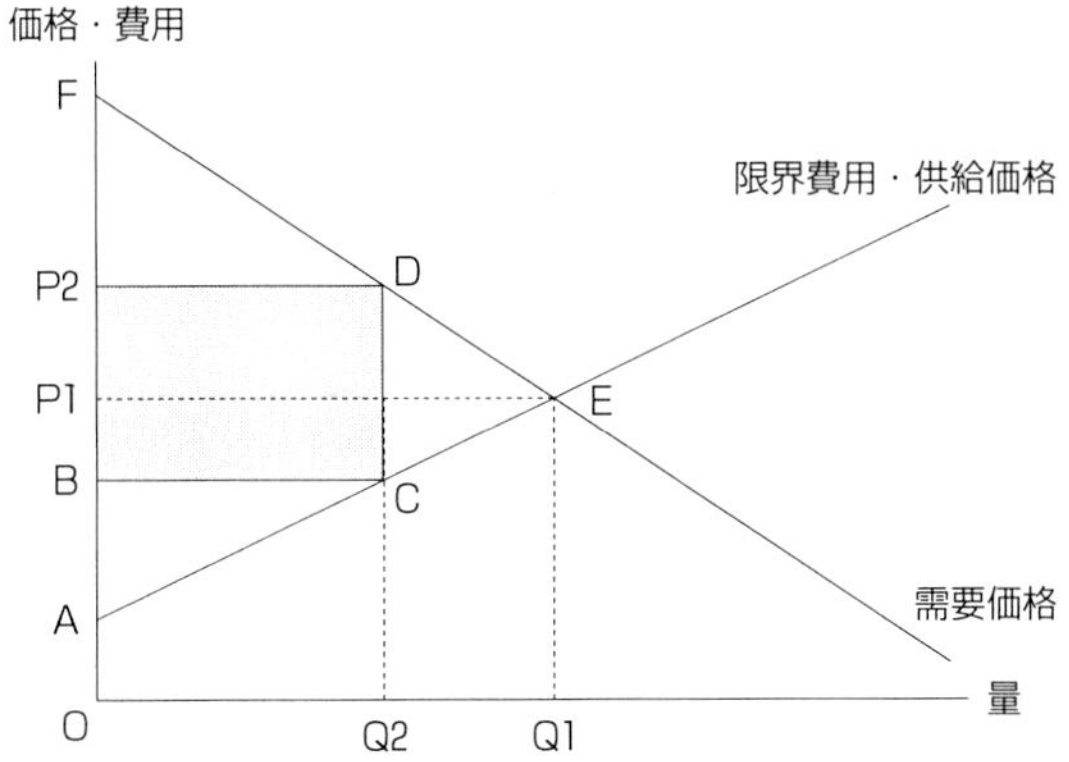

図2－2　独占的制約により生ずるレント

出典：筆者作成.

この財の市場の競争的均衡は、需要曲線FDと供給曲線ASとの交点Eであり、均衡価格はOPとなります。このとき、消費者余剰は三角形FEP、生産者余剰はPEAの面積にそれぞれ等しくなります。従って、この財がOQだけ生産され、消費者がそれを購入して消費することからうける効用と、もたらされる生産者の利潤の合計は、三角形FEAの面積に等しくなります。すなわち、消費者の基数的かつ個人的に比較可能な効用の合計が、社会の経済厚生の指標であると考えるならば、経済厚生の金額表示は、消費者余剰と生産者余剰の和となり、競争市場の場合には、それがFEAであるということになります。

図2-2は、独占市場、すなわち、特定の生産者が、市場への供給量を決めることができる市場のケースを説明しています。独占企業が供給量を抑えると、例えば、**図2-2**におけるOQ2のレベルに供給量を抑えた場合、価格はOP2となります（このときの生産にかかる限界費用はOBです）。結果、この企業によって生産

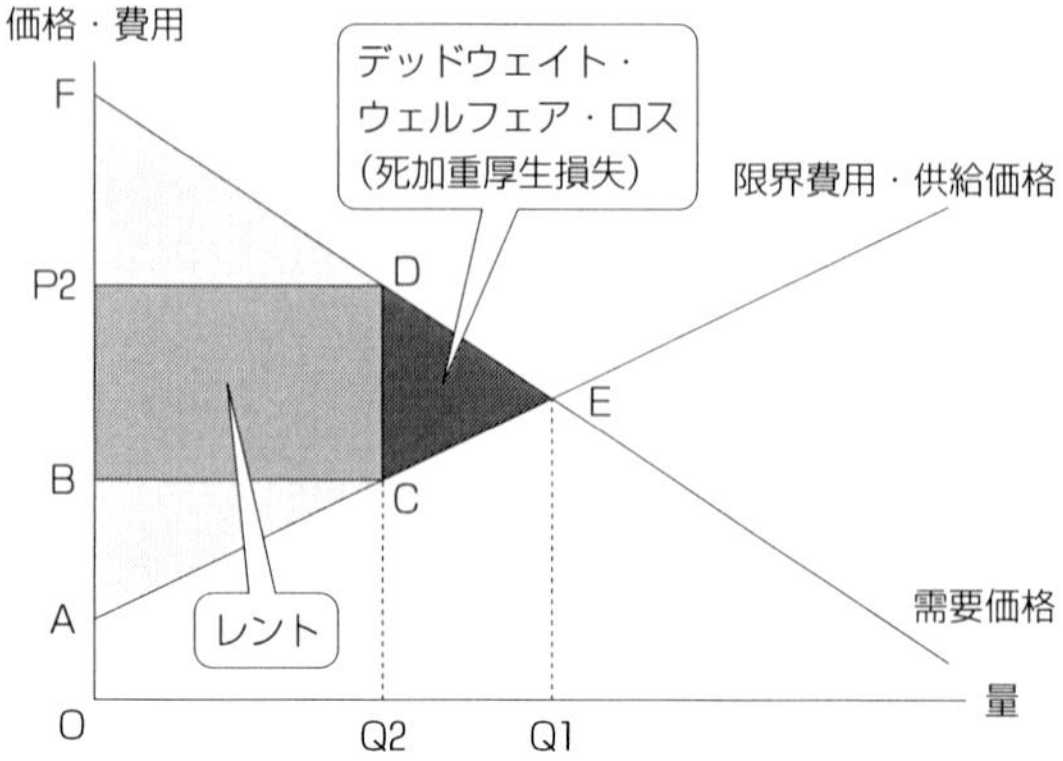

図2－3　独占における(独占)レント，消費者余剰，生産者余剰

出典：筆者作成．

された最後の一単位は、供給価格よりも安く生産することとなります。この差、すなわち、最後の一単位にかかるCDにあたる利益は、競争的市場においては得ることのできない「レント」(超過利潤)として捉えられます。OからQ2までの積分により、当該独占企業が享受しうるレントの合計は、BCDP2で示されます。

新古典経済学派による静学的分析によれば、競争を通じて資源の最適配分が実現されることを示すには、消費者余剰と生産者余剰の和が、競争的均衡において最大になることを示せばよいと主張します。独占の存在等の理由により、供給量がOQ1より少ないOQ2の水準にある場合と比較すると、どのようになるでしょうか。このとき、価格はOP2になるとすれば、消費者余剰はFDP2、生産者余剰と独占レントの合計はACDP2となります。競争的均衡の場合にくらべて、消費者余剰は必ず減少しますが、生産者余剰プラス独占レントは増加します。しかし、前者の減少額は、後者の増加額よりも大きく，消費者余剰と生産者の取り分との和は，CDEだけ減少してしまいます（図2-3）。すなわち，社会厚生上損失が生じることとなり，この損失を，デッドウェイト・ウェルフェア・ロス（Deadweight Welfare Loss）とよんでいます。

新古典派経済学による静学的分析の問題点として，Khan［2000］は次の二つの点を指摘しています。第一に，新古典派分析においては，競争により，コスト削減のための，強いインセンティブを生み出される点が考慮されていません。新古典派経済学理論によれば，前記の図における限界費用曲線は，所与のものとして定められていますが，現実には，企業は生産コストを下げるために，絶えず努力をしていると考えられます。競争に勝ち，一定の利潤（レント）を確保するために，企業はコストダウンをはかろうとします。競争は，社会厚生上の効率性を高めるためにも必要ですが，それは，新古典派モデルが示すような「完全な」競争，すなわち，全ての市場参加者が価格受容者となり，レントが全く発生しない状況が出現するとは限りません。一定の数の企業が，それぞれ市場価格に影響を与える力を持ちながら，生産コスト削減を求め，しのぎを削りあっている市場こそ現実なのです。企業は，社会厚生上のデッドウェイト・ウェルフェア・ロスを発生させないことを目的として，必ずしも行動しているわけではなく，基本的には，レントを求めて行動しているのです。

第二に，新古典経済学派によるモデルは，長期的には生産コストを削減することに繋がる「技術革新」に必要なインセンティブの重要性を，考慮していないことが指摘できます。独占レントの発生は，独占企業が生産量を抑えることから促され，その分，経済全体としては投資が抑えられ，成長を抑制する効果が導かれます。その一方で，レントを享受する企業は，そのレントを，将来の技術革新のための投資に充てていくことも考えられるのです（逆に言えば、競争的市場で超過利潤がまったくない状況では、企業は、技術革新のための研究開発費をねん出することが難しくなることを意味します）。新古典派の静学的分析には、技術革新により、長期的に費用曲線が下方シフトしていくような、動態的レント効果（シュンペーターのレント効果）を無視していることには留意すべきです（鈴木［二〇〇六：一三一一八］参照）。

市場原理が、「手段として」合理的かどうかの判断が難しいだけではなく、社会厚生を最大化するように資源を再配分するという「目的」自体の合理性判断にも、困難が付きまといます。市場では、資源の配分を巡り、各経済主体が利潤（プロフィット）あるいは超過利潤（レント）を追求し、あるいは、既に得ているレントを守ろうとする行動が促されます。社会厚生上の効用は、各経済主体が得られた利潤を、どのように価値評価しているかによります。理論的に、再配分・移転される所得が、失う者と得る者との両経済主体にとって等価値であり、レント追求のためのコストが無視できるのであれば、社会厚生の観点からは、全体への効果は中立となります。但し、通常、同じ一〇〇〇円であっても、貧しい者と富める者とでは、その効用は異なります。相対的に貧しい者にとって一〇〇〇円の効用は高いことになります。すなわち、貧しい層から富裕層への所得再配分・移転は、社会厚生上の効用をより引き下げることを意味します。逆に、富裕層から貧しい層への再配分・移転は、社会厚生上の効用を引き上げることとなります。どのような資源（再）配分が、社会厚生上望ましいかという目的は、結局のところ、相対的な基準あるいは妥協点をどこに設定するかということとなり、現実の世界では、主として政治的手段によって争われ、調整されています。仮に、この調整を市場に委ねるのであれば、レントを追及し、独占をはかろうとする経済主体もいれば、情報を占有しようとする経済主体も出てきます。強者あるいは勝者の意向が反映する「市場」に、調整を委ねる目的の合理性とは何でしょうか。仮に、その目的が、強者あるいは勝者のための資源配分にあるとするならば、強者あるいは勝者の既得権益を守るべく唱えられる「市場原理」主義は、「手続としての」合理性（Procedural rationality）だけを問おうとすることになりかねません。目的を達成する上で、「手段として」合理的なのかをもはや問うことなしに、「市場」主義に沿っているかどうかだけが問われるようになります。こうした「手続としての」市場原理主義には、もはや「手段としての」合理性はありません。市場原理主義を唱える者は、目的については、資源配分の「最適化」ということのみに言及し、各経済主体が自分自身の利益のために「努力」することが、結果として、社会全体の利益を増進することになるという、アダム・スミスの「神の見えざる手」原理をただ信仰しているように思われます。手続としての合理性を主張する一方で、その目的は曖昧なまま放置されるのです。そうなると、市場原理主義―それはまさに、ある種の信仰としか言いようがなくなります。

米国型市場原理主義は、プロテスタンティズム、ひいてはカルヴァン（Calvin）の予定説という媒体・触媒があって誕生したとされる資本主義のエートス（精神、行動様式、倫理）に、強く影響を受けていると考えられます。そのため、主として、その手段・プロセスに関心が寄せられ、その究極的目的については曖昧とされる構造があるという仮説を、政治思想史の視点から見てみます。

政治思想史・政治学者の福田歓一［一九八五］によれば、カルヴァンの教義の中心をなす「予定」説では、個人が救われるかどうかは、神の恣意的な選択に委ねられ、救済されるかどうかは、既に予め定められているとされます。神は全能、人間は全くの無力というペシミズムが、逆に、現世において、神の栄光をあらわすという奉仕の活動をやっている間に、自分は救われているという確信が得られるかもしれない、というオプティミズムを支えることになります。自己の生活を自ら統制し、もっとも合理的に努力を配分しながら現世での奉仕を続けていく、というマックス・ヴェーバーのいう「世俗的禁欲」が生まれ、労働技能を磨き、労働手段を合理化し、労働の対象を最高度に利用するという生活態度（資本主義のエートス）を生み出していきます。神の栄光をあらわすという目的それ自体は、全く（少なくとも経済的には）非合理ですが、その目的のために、世俗の全領域を動員しようとします。個々の行為が、善であるとか悪であるとか言う前に生活全体を組織化し、そこには甚だ能動的・積極的な行動主義が見出されるとされます［福田 一九八五］。米国は、他国にくらべ、プロテスタンティズム、ひいてはカルヴァンの予定説という媒体・触媒があって誕生したとされる資本主義のエートスに強く影響を受けていると考えられるのであれば、前記の合理主義（労働手段を合理化し、最大限活用しようとする）の推進力も強いことになります。一方、その合理主義の究極的（及び現世における）目的については、予定説のもつペシミズムが、意識的にせよ無意識的にせよ作用し、曖昧なものとされる構造があるように思われます。

市場競争原理優先の風潮は、一九世紀後半に一般に受け入れられていた「ソーシャル・ダーウィニズム」の復活、そしてそのグローバル化であるとの指摘もあります［有賀 二〇〇二］。ソーシャル・ダーウィニズムは、自然界に見られる「自然淘汰」「適者生存」論を、経済社会における「勝者」に適用したものであり、貧乏は能力がなく、また努力をしなかった当然の報いであり、金持ちは努力して自分のもてる能力を発揮したからそうなったと主張します。この考えによれば、政府が貧困者を救済することは、無能な者に不当な利益を与えることになり、社会の進歩を遅らせることになることから、政府は何もしない自由放任政策をとることが支持されることになります。ソーシャル・ダーウィニズムは、一九世紀末の米国人の心理にしっかりと根を下ろし、現在まで底流として存在し、福祉予算を極力減らし、国民の自助努力を重視する「小さな政府」を主張する者の言葉に時折浮上することを、有賀［二〇〇二］は指摘しています［有賀 二〇〇二：二二］。市場原理主義と米国資本主義のエートスとは、呼応しているのです。加えて、現代米国の基盤には「革新主義」の思想―科学的合理的な方法によれば、社会の問題を解決し、正義が実現できる、という科学万能ともいえる考え方―が見られます。そこには、不安のなかにも、人間の理性・能力を信じる楽観的態度が見られ、科学的専門的知識を活用することが、「正義」への道、すなわち建国以来の「自由」と「民主主義」の理念の擁護に通ずると考えられたとされます〔有賀 二〇〇二：五〕。これらの、ソーシャル・ダーウィニズムおよび革新主義は、WASP（白人、アングロサクソン、プロテスタント）を中心とした中産階級の経済力の高まりとともに、WASPの価値観、生活様式、文化が「アメリカ的」なものとする「ネイティヴィズム」と呼応し、独特な価値を正当化する思想として根づいています。

政治学者の丸山眞男〔一九四六〕は、カール・シュミットを引用し、ヨーロッパ近代国家は「中性国家」たることに、一つの大きな特徴があると指摘しています。すなわち、真理や道徳といった内容的価値に対し中立的立場をとり、そうした価値の選択と判断は、宗教や個人の良心に委ね、国家主権の基礎を、専ら純粋に形式的な法機構の上に置いている国家を「近代国家」として捉えています。彼によれば、日本は、明治以降の近代国家の形成過程において、ヨーロッパ近代国家のような国家主権の技術的、中立的性格を表明しようとせず、国家そのものに先験的に価値が存在し、それが天皇によって体現されるという「国体」の観念を生んだとし、個々の国民の価値は天皇との距離によって測られたという構造を指摘しました。この構造において、個人のなかに倫理的な内面化の契機は一切保証されないまま、「国体」と個人との行動規範とが一体化することで、個人の自由にともなう責任の意識が消えてしまい、「公」の観念も「私」の意識も曖昧なまま、総もたれあいの緩やかな全体主義の支配秩序が形成されたことが指摘されました〔丸山 一九四六：姜 二〇〇六〕。責任の意識が希薄化し、総もたれあいの秩序形成のくだりは、第1章第3節で取り上げた山本七平の指摘―日本人が平等以外の原則を拒否し、それを拒否することこそが民主主義であると考える傾向があることとの問題点、および自己責任を負わずに、ただ「結果の平等」を求める社会の問題点―にも繋がるように思われます。

戦前の日本国家と同様、アメリカも「中性国家」とは言えない面があります。ヨーロッパ諸国は、宗教上の信条の対立が、政治闘争に転嫁する状態である「コンフェッショナリズム」の時代を経ましたが、米国はそれとは異なり、宗教戦争から逃れてきた人々が、宗教的情熱を持って建国したという歴史を持っています。

西洋政治史の流れにおいては、大衆が政治権力を持つ「民主政」には、ネガティブな意味合いがあります。アリストテレスは、プラトンの『ポリティコス』における政治形態の図式を継承し、一つには支配者の数、もう一つにはその政体がよいかわるいか（彼は、支配者と被支配者との双方の共通の目的を志向しているか、あるいは、単に支配者の利益だけが志向されているかを基準に、健全な政体と堕落した政体とを分けています）によって政治形態を分けています。その中で、多数者（大衆）が支配する健全な形態を「ポリテイア」（*Politeia*）とし、堕落した形態を民主政（デモクラティア、*Demokratia*）とよんで、両者をわけて捉えています。アリストテレスにおいて、民主政とは、富のないものが、その他のものを犠牲にして、自分たちだけの利益を収めるような政治形態を指し、多数者が政治の支配権力を握るけれども、共通の利害を目指す場合をポリテイアとしました［福田　一九八五］。アリストテレスは、冨の不平等を前提に、都市国家にとって最もよいのは、富裕と貧困とに対する「中産の公民」たちによる支配であり、貧困あるいは富裕の両極端の、どちらかが優位を占めるのを妨げるのが望ましいとしています。しかし、有産・中産階級がそもそも「中性」とは言えない場合、すなわち、なんらかの思想・宗教に無自覚でも囚われている場合も、政治は、特定の利害を目指してしまうデモクラティア的「民主政」に陥る可能性があるわけです。したがって、民主政（民主主義）に、資源配分ルールの決定（例えば市場原理主義の推進等）・実行を委ねることにも、警戒が必要となります。

再び、経済学の視点から、議論を続けます。ノーベル経済学賞受賞学者でもあるハーバート・サイモン（Herbert Simon）は、人間の（合）理性には限界があることを前提に、より現実に即した分析を発展させ、限定合理性、すなわち限界のある分析能力が、どれほど人間の（合）理性に適うことが（不）可能であるかを考えました。現実の経済では、経済主体は合理的選択を意図しているものの、多くの情報を処理し、最適な戦略を計算することの難しさから、その合理的選択は制約を受けているとされます。現実の世界では、個人はむしろ、自ら最適な戦略を計算するより、「便宜的方法・経験則 *Rules of thumb*」に頼る傾向があることが指摘されます。(4)

一方、不確実性も、意思決定プロセスを複雑化し、ボラティリティ（予想変動率）を高めます。行動の結果は将来に繋がるため、客観的に合理的な選択をするために、正確な将来予測は欠かすことができないはずです。しかし、現実の世界では、多くの選択は、不確実性の条件の中でなされています

（不確実性については、第4章で議論します）。

第1章でも紹介しましたが、経済学あるいは経済政策論の基本的立場には、大きく分けると二つの流派があります。一つは「新古典派」経済学理論を基盤とする「正統」経済学であり、もう一つは、新古典派経済学を批判する立場にある「異端」経済学です。

主観的要因が、経済主体の行動に大きな影響を及ぼすことは事実であり、また、この側面に着目したことが、ケインズおよびポスト・ケインズ派（いわば異端派）の貢献であることは否定できません。ケインズによる「不確実性」の本質的な含意は、あらゆる経済的に意味のある行動は、経済主体が、不確実性から自らを守るための努力から生まれている、ということになります［Dymski 1993］。しかし、鍋島［一九九五］ら、ケインズ経済学の研究者が指摘するとおり、主観的な要因のみに訴えて経済の動きを説明することは、その説得力を大きく減じることになります。異端経済学は、あくまで、新古典派に対する批判の段階にとどまらざるをえず、代替的な理論体系を提示することには、困難がつきまとっています。そのため、異端派は、いわば「受動的・知的ニヒリズム」（所詮、人間のやることに明確な理論や事前の処方箋はありえないとの虚無主義）に陥りやすい面があることは否定できないように思われます。

市場メカニズム・価格メカニズムの自律的機能・回復力への信仰のみに頼る正統派と、ニヒリズムに酔う異端派が現代経済学の理論を支えています。祈っているか、あるいは諦めているか（冷めているか）という意味では、経済学者は何もしていないのと同じなのかもしれません。一方で、経済政策担当者（政策当局）は、言うまでもなくニヒリズムを志向することはできません。ゆえに、米国流「市場原理」への信仰に頼ることになりますが、それは責任逃れになりかねません。なぜなら、米国型市場原理主義と日本資本主義のエートスとが、呼応しているとは、必ずしも言えないからです。

一方で、第1章でふれた、日本社会に見られる「連帯感」を基盤とする厳格な平等主義については、われわれはその功罪を吟味する必要があるように思われます。初期所有条件・機会の平等を徹底的にはかり、その後は、「市場」に資源（再）配分を委ねる方向性においても、ロールズが求めている「他者への思いやり」「相互依存」に基づく基本構造に支えられる「市場原理」「市場制度」を求めていく覚悟も必要です。いわば、普遍的倫理意識・道徳観に支えられる「倫理的市場原理」を、われわれは模索していく覚悟が求められていると思われます。

この分野の研究は、あまり顧みられていないように見受けられます。哲学者の湯浅泰雄（一九二五―二〇〇五）の論文「経済人のモラル」は、西洋と日本とにおける経済道徳の発展過程比較を行ったパイオニア的論文と思われます。湯浅［二〇〇二、当該論文の初稿は一九六七年］は、和辻哲郎の定義に従い、世界における人間行為の構造及び原則を一般的に明らかにする学を、倫理学とよんでいます［湯浅 二〇〇二：一一］。一方で、湯浅は、「道徳的欲求」について、次のように述べています。「人間の本性として、経済的な行為の場面では、すべての人びとが物質的によりゆたかな生活を求めようとする傾向がある。したがってそこには、すべての人びとがゆたかになることがよいことであると考える道徳的要求がある。ただしこれは、経済行為の場面にかぎって言うことであって、これが人間の道徳的要求の根本であるとか、唯一のものであるというのではない。そして勤勉とか節約というような徳は、そういう要求を実現してゆく上に有効な行動の指針となると考えられたために、ひろく一般に受け入れられたのである」［*ibid.* 99］。湯浅［二〇〇二］は、日本においては、西洋との比較において、江戸時代の中期、すなわち前期的商業資本の段階で、既に「正直」の徳が確乎たる地位を得ていたことを指摘しています［湯浅 二〇〇二：一二二］。湯浅は、「正直」が強調されたのは、享保期に出た心学者の石田梅岩（一六八五―一七四四）によるところが大きいことに言及しています。

政治学者の小室直樹（一九三二―二〇一〇）は、日本資本主義のエートスの形成は、貧しい家に生まれながらも、勉学と労働に打ち込み、成長してからは、小田原藩や相馬藩の財政建て直しに貢献した二宮尊徳（金次郎、一七八七―一八五六）を理想像として、「勤勉の精神」を育成しようとした明治政府による学校教育政策によるものとの説を展開しています（小室［二〇〇六］。なお、この見解も、基本的に湯浅氏の指摘を踏襲しているものと思われます。湯浅［二〇〇二：一二六―一二七］参照）。また、山本七平（一九二一―一九九一）は、日本資本主義のエートスの形成に、江戸時代初期の禅僧、鈴木正三（一五七九―一六五五）の仁王不動禅思想（各々が、それぞれの職業・仕事に、一心不乱に打ち込むことによって成仏できるとの思想）が影響しているとの仮説を展開しています（山本［二〇〇六：一五九］参照）。いずれにせよ、日本資本主義のエートスの形成には、プロテスタンティズムとは異なる様式の倫理観・道徳観が見られることに、われわれは顧みる必要があるのではないでしょうか。「倫理的市場原理」については、さらに第４章で考えていきたいと思います。

先にあげた物語のエピローグとして、Ａさんのモノローグで終えたいと思います。

「わしはこれまで一生懸命働いてきた。働きながら勉強もした。まるで二宮金次郎のように。はて、そういえば、二宮金次郎は何をなした人なのだろうか。まあ、きっと立派な人だったのだろう」

「わしは田畑を耕作してきた。農民は鋤鍬鎌を使って、ひたすら耕作に励むことにより、仏になれると聞いたことがある。つらいこともあったが、村での耕作は有り難いこと。わしが作ってきただいこんは最高じゃよ」

「あとのことは、村のみんなでじっくり考えてきめてもらえれば、それでいい。どうゆう方向でも、村にとって良かればと祈っておる。もっとも祈ることしかできないが……」

注

（1）例えば、企業であれば、所与の市場販売価格より限界費用が低ければ、生産を増やし、高ければ、生産を減らそうとする行動をとり、個々の企業の生産量は価格には影響を与えない完全競争市場を前提とする。

（2）なお、多くの情報経済学者が属するニュー・ケインジアンの立場からは、情報が完全に行き渡り、情報の非対称性が存在しない場合（現実にはそうした状況はありえないが）、市場メカニズムは有効に働くということが前提とされる。しかしながら、ポスト・ケインジアンの立場からは、市場におけるアクターの行動は、常に「不確実性」（将来のことは正確には予測できず、また、確率として置き換える合理性が乏しい状態を指す）にさらされており、それゆえ、市場メカニズムが有効に働くこと自体を疑う立場にたつ。

（3）消費者余剰、生産者余剰の説明箇所は今井・宇沢・小宮ほか［一九七一］による。

（4）尚、サイモン自身は、この「便宜的方法」を使うことは、意思決定の為の、いわば、時間節約のツールとして捉えている。個人は決して非合理なのではなく、限界のある脳の計算能力を有効に使いたいだけだと、限定合理性を捉えている。

第3章　国際政治における立ち位置

――日本が依るべき「国際社会正義」原理とは？――

　国際政治においては、日本はどのような「立ち位置」を求めるべきなのでしょうか。本章では、国際社会正義（Global Justice）について、目を向けてみます。日本に対し有事が発生した際は、米国が防衛し、あるいは、差し迫った脅威を除くための先制攻撃も米国が行う、という片務的日米軍事同盟の大枠の中で、戦後日本の「立ち位置」は、概ね「米国追従」で決まっており、自ら「立ち位置」や、依るべき原理原則を考えることもなかったといえます。米国追従以外の外交オプションを、日本が手にすることを許されていない面もあったことから、これも、未曽有の財政難を目の前にしている国内同様、「ホールドアップ（お手上げ）」状態にあるといえます。民主党鳩山政権が打ち出した、東アジア共同体構想や米国沖縄普天間基地の国外・県外移設申し入れが、早々に頓挫したことも記憶に新しいところです。

　はたして、ある特定の国による、軍事力の寡占によって維持されている国際秩序のなかで、今後も

「米国追従」という立ち位置を取り続けることができるのでしょうか。米国との安全保障関係から、ある国への経済制裁に入ったり（あるいは入らなかったり）、また、米国やその同盟国による軍事的制裁を、少なくとも、日本国内ではほとんど議論せず、支持したりする立ち位置で構わないのでしょうか。その立ち位置が、北朝鮮や韓国、中国、ロシア等との、領土問題を含む二国間の懸案事項を処理していくことの担保になっているのでしょうか。

このことは、日本が「国際社会正義（註）」の原理原則をどのように捉え、自国の防衛および国際秩序維持に向けた日本の立ち位置―覚悟―を考えることに他なりません。米国あるいはＮＡＴＯによる、市民の生命・人権保護を目的とする、中東・北アフリカ諸国への軍事介入に日本も賛同していますが、その判断は、どのような「正義」の原理原則に沿っているのでしょうか。著しい人権弾圧をしている隣国に対し、日本は、憲法の規定により、軍事的制裁ができないことを理由に、米国に対し、軍事的介入を日本として要請することは「正義」の原理に沿うことなのでしょうか。現在の「米国追従」という「立ち位置」を仮に是とする場合でも、それを是とする国家としての「立ち位置」を確認する意味でも、国際社会正義の原理に対し、どのように構えるべきかを議論すべきです。

註・Global Justice の訳としては、「地球規模の衡平」も考えられますが、第2章同様、Justice については「正義」の訳を使い、Global については「国際社会」を充てています。

トーマス・ネーゲル（Thomas Nagel）は、義務上論かつ自由主義的立場からの倫理および政治論への貢献で知られる政治学者です。本書は、ネーゲルの、国際政治および政治的概念に対する現実的な捉え方を支持しています。加えて、本書は、彼の「最低限守られるべき人道的道徳規範」（Minimum Humanitarian Morality）の概念に関心を持ちます。この規範は、国内的に甚だしく不義・不正な国家と、経済交易を行うべきなのかどうかということを判断する、一つのガイドラインを提供しうると考えています。

われわれ日本国民は、国際社会正義の侵害に対し、国際コミュニティの一員として、それを取り除くことに、どのような協力ができるのでしょうか。軍事力の寡占を背景とした現在の国際秩序の中で、日本はどのような立ち位置を求めるべきなのでしょうか。本書は、日本が軍事オプションを持つべきかどうかの議論に、国際秩序維持あるいは国際社会正義を執行するために、日本あるいはその国民として、どういう立ち位置に立ち、何をなすべきかとの観点がないことを指摘します。憲法九条を巡る護憲・改憲の国内議論は、基本的に、自国の安全保障の観点からのものに終始しており、国際社会正義を執行するために必要かどうか、という「覚悟」の観点からのものは、ほとんど見られません。軍事制裁オプションを持たないのであれば、軍事制裁オプションの制約を受けている国として、国際社会（特に軍事的優位を持つ諸国）と向かい合う「覚悟」が必要と考えます。

1　国際社会において「正義」は執行されるのか
――ネーゲルによる国際社会正義に照らした「最低でも守られるべき人道的道徳規範」論――

世界人権宣言第二五条で謳われている社会経済的人権、すなわち「すべて人は、衣食住、医療及び必要な社会的施設等により、自己及び家族の健康、及び福祉に十分な生活水準を保持する権利」は、現在のところ残念ながら、国際社会では、Pogge［2004］が指摘するように、最も頻繁にその未達成が散見される権利でもあります。もし、この国際的に認知されている人権が、完全に保護・保障されていたならば、貧困は既になくなっているはずです。同じ社会において、基本的人権が保障されていない人と保障されている人がいることは、やはり「正義」とは言えないように思われます。国際社会において、社会経済的人権保護を執行することを正当化する原理原則、逆に言えば、人権保護にばらつきのあること（格差）を容認する論理は、どのように捉えられるのでしょうか。

正義の原則を適用・執行するためには、基本的に、一元的統治主権国家（ルールを執行する力）が必要です。経済哲学者アマルティア・セン［Sen 2010: 62］が指摘するように、単に「完全に公平な社会」を思い浮かべても、その公平なる社会を実現するための執行力がなければ、意味はありません。

すでに国際慣習法としても、全世界中で、その保障が求められる基本的人権ですら、国際社会で、その人権侵害があった場合でも、その正義（侵害を取り除き、必要な補償を行うこと）を執行することには困難が伴います。なぜなら、現時点では、一元的に正義を執行する世界統一国家体制にはなっていないからです（なお、このことは、世界統一国家体制を創設すべきであるという意味ではありません）。

ネーゲルは、国際秩序に影響を与える立場にある国家の政策や、グローバルに展開している国際機関の活動範囲において求められる「正義」とは何かについて、正義と主権との関係や、正義と平等との関係にかかる伝統的政治理論を紐解きながら考察しています。ネーゲルの考えは、例えば、人は生まれながらにして平等であるべきであるとの、倫理的な観点から、正義の原理は見いだせるものの、現実には、正義は、主権国家内でなければ達成されないとの、ホッブズ派の立場に立っています[Nagel 2010: 62]。同時に、彼は、ロールズ派の見解（第1章第2節参照）―自由主義の観点から、正義（の原理原則）は、市民の間の平等・公平を強く求める一方で、正義が、統一的国家の「基本構造」（第1章図1-1参照）に適用されることを政治的に求めなければならないとする捉え方―を考察しています。そのうえで、ロールズの正義の原理原則を国内上適用することができるとしても、国際社会に適用できるのか、その適用可能性を議論しています。

ネーゲルは、「もしホッブズが正しいのであれば、世界統一政府がなければ、国際社会正義の考えは、絵に描いた餅に過ぎない」[Nagel 2010: 63]と断じています。さらに、ネーゲルは、もしロールズが正しいのであれば、国際社会において、すべての国家が平等な立場で共存し、各国家は、国内的に正義を実現し、国内的に正義を実現した全ての国家が、平和裏にお互いに共存する世界を理想とすることになる（含意としては、そうした理想が実現される担保はなく、非現実的である）と批判します。現在の国際政治構造を前提に、ネーゲルの批判は現実的で、的を得ていると思います。

ネーゲルは、正義を実現するためには、個人レベルの「動機」だけに、その執行力を求めるのは不十分であり、法体系や、法を統治する中央集権体制の執行力を必要とすることを再認します。従って、現時点における国際社会においては、執行力を伴う正義を実現することはできない、という現実を述べています。その一方で、国際社会には依然として、著しい基本的人権の侵害―悲惨な貧困や、飢餓、栄養失調や、医療が全く施されないことによる新生児・乳児死亡―に怯える人びとが、多数存在する現実を述べています。そうしたことに怯える必要がない人にとっては、同じ人間として、その格差是正に関心を寄せざるを得ないことに、ネーゲルは、正義の原理原則からの求めとは異なる、「最低限守られるべき人道的道徳規範」があることを主張します。経済的に余裕のある人から、極限状態にある人への人道支援には、効果的な方法をめぐり議論の余地はあるものの、明らかに、正義を求めることとは異なる何かが求められていると、ネーゲルは主張します［Nagel 2010: 65-66］。

さらに、ネーゲルは、国際社会に見られる格差（不公平）是正に向けた構え方として、人道・博愛の観点だけではなく、正義・不義の観点から再考を加えています。彼は、二つの見解―コスモポリタン（地球市民）派と、彼の言葉で言えば、政治構想派（Political Conception）の見解―とを比較しています。ネーゲルによれば、コスモポリタン派―われわれは、地球市民として平等であるべきであるとの構え―は、複数の統治主権国家の存在を、不幸なる「障害」として捉えます。「豊かな国よりも貧しい国にたまたま生まれたことは、同じ国において、裕福な家庭よりも貧しい家庭にたまたま生まれたことと同様、無作為にその人の運命を決定する。世界統一主権国家が存在していない以上、ホッブズ派の見解どおり、この世界経済秩序を不公正なものとまで言えないかもしれないが、正義を執行できないことは、まさに欠陥である」[Nagel 2010: 67] との構えとなります。

他方、政治構想派は、統治国家は、人間社会に求められる正義の価値を実現するための、単なる道具ではないと主張します。むしろ、正義を具現化する公平や平等の基準により評価される諸制度と、国民との関係を持つことにより、国家の存在を、正義の価値を積極的に実現するものと捉えます [Nagel 2010: 68]。政治構想派は、各国家の主権が及ぶ範囲で、主権の及ぶ法社会および経済制度を通じて、その国民は互いに、正義のための国家の決定・執行に従う「義務」が生ずることを指摘します。ネーゲルは、この義務は、人道上の義務のように、世界中の誰しもが、生まれながらにして負っている性質の義務とは異なり、ある特定の、強い政治的関係に立った人たち（例えば、国籍や住民権を得た人たち）の間だけで、共有される制度を通じ、負われる性質のもの、すなわち、「協同責任」（*associative* obligation）の性質のものであると指摘します [Nagel 2010: 68]。

ネーゲルの解釈では、コスモポリタン派によれば、世界統一国家がないことこそが、すなわち、複数の主権国家が併存している構造こそが、深刻な倫理問題・不義を引き起こしている元凶であると捉えられる一方で、政治構想派によれば、世界統一国家がないことを、過渡期の状態として捉え、必ずしも憂う必要はないと構える違いがあるとしています［Nagel 2010: 69］。ネーゲルが指摘するとおり、コスモポリタン派でも政治構想派のいずれかの見解でも、国際社会正義の実現には世界統一国家が必要であるとの結論に至るのかもしれません。しかし、政治構想派の言う「協同責任」―国際社会における、特に、著しい基本的人権侵害から人びとを保護する義務の共有―が仮に、広く国際社会の人びとの間に醸成されたとしても、その責任をどのような制度で執行するのが望ましいのか―世界統一国家を求めるのかどうか―とは別の議論ではないかと思われます。

ネーゲルは、国際社会正義を追求するために、より広く世界を統治する民主的統治機構を創りあげることを目指そうとするコスモポリタン派の構えは、夢想的であり、非現実的であるとして批判しています［Nagel 2010: 72］。彼は、具体的な選択や同意あるいは契約がなくとも、同じメンバーであるという共同意識から、同じ政治社会に生きるメンバー間の平等を求めていく政治構想派的構えの方が、より現実的ではないかと評価しています［Nagel 2010: 74］。ここにおいて、ネーゲルは、最低限守られるべき人道上の普遍的要請が、国際社会正義の原理原則として人びとに共有されていく、すなわち協同責任が醸成されていく過程とを結び付けているように思われます。

誰しも、暴力や奴隷化、強制や抑圧等から守られるべきであるという基本中の基本的権利があり、そうした差し迫った危険にさらされている人びとを救わなければならない、という基本的な人道上の義務があるのではないか、と考えることは、理にかなっているとネーゲルは指摘します［Nagel 2010: 76］。「すべての人は、公正な社会に生きる権利を持っている。しかし、われわれは（個人レベルでは）、必ずしも（世界中の）すべての人と、公正な社会に生きるようにしなければならない義務を、（現時点において）負っているわけではない。正義を求める権利は、ある人が所属する（ルールの執行を受け入れる）社会が公正に統治されていることを求める権利である」［Nagel 2010: 78］。しかし、「最低限守られるべき人道的道徳規範」は、世界中の全ての人との関係において求められていくべきであると、ネーゲルは主張します。

　ネーゲルの関心は、国内的に甚だしく不義・不正な国家と経済交易をすべきかどうか、ということに向けられます。彼は、「国内における正義の達成・執行は、各国家に主たる責任があるが、（経済交易を行うことにより）他国が、不義・不正な体制を積極的に支え、永続化をはかることは、正義に対する共謀的な侵害となる」と主張します［Nagel 2010: 87］。過去においては、不義・不正により人心が離れ、国力を失った国家は、他国により征服される（抑圧を受けていた国民は、征服者によって解放される可能性がある）というオプションがありましたが、現在においては、そのオプションを、大っぴらに行使することは認められていません［Nagel 2010: 90］。現在の国際秩序を前提に、不義・不正な国家を、「国内問題」の名の下に放置するという意味での国際的無政府状態と、国際的な不義・不平等（国際社会には、少なくとも過渡的には、豊かに安全に暮らせる人と、差し迫った基本的人権侵害の危険から守られない人がいること。加えて、軍事的制裁のオプションを有する国と持たない国があり、有する国が恣意的な介入を行うこともありうること）とのどちらを容認できるのか、言いかえれば、国家主権と国際社会正義は両立できるのか、という問いに至ります。ネーゲルは、無政府状態から正義に至るプロセスには、不義・不平等を経る必要があるとしています［Nagel 2010: 91］。以上、ネーゲルの主張を整理すると次のようになると思われます。

①国家主権（場合によっては民族自決権）と国際社会正義とは、必ずしも両立しない。著しい人権弾圧が行われていても、それは基本的に「国内問題」である。なぜなら、国際的に正義を執行する統一的制度が存在しないからである。

②地球市民的意識を持つことにより、究極的には、主権国家を解体し、世界統一政府を樹立することを目指すコスモポリタン派の主張は、非現実的である。「最低限守られるべき道徳規範」を共有し、同じ国際社会に生きるメンバーは平等であるべきであるという共同意識を育て、その平等を守るための「協同責任」を醸成していく政治構想派の主張が、より現実的である。

③この醸成過程においては、著しい人権弾圧を行っている国家に対し、経済的あるいは軍事的

制裁オプションを有する国（協同責任を果たそうとする国）が、そのオプションを行使すること（場合によっては、恣意的な介入となることもありうること）もやむを得ない。

ネーゲルの洞察は現実的で示唆深いですが、一方、現実的すぎて、現在の、軍事的寡占を基盤とする国際秩序を追認するだけになるおそれもあります。現在の軍事ヘゲモニーによって維持されている国際秩序を、はたして、国際社会正義へと向かう過程として捉えられるのでしょうか。どのような条件であれば、われわれは、国際的不平等を看過できるのか、どのような条件であれば、不平等を正すために、正義を行使することに挑戦すべきなのかについては、ネーゲル論では明らかにされていません。

2　レジーム・チェンジ（体制転換）は正義か

国内的に甚だしく不義・不正な国家を、国際コミュニティは放置しておくべきなのか、あるいは、転換を迫るべきなのか、世界統一政府が存在しない国際社会では、この問題はいわゆる「レジーム・チェンジ（体制転換）」の正当性に関わってきます。レジーム・チェンジは、ある国家の不義に対し、外国勢力が征服し、当該国家の諸制度、行政機構、官僚機構その他の一部あるいは全部を変更することを指します。「レジーム・チェンジ」という言葉は、イラクにおけるサダム・フセイン体制に関して、頻繁に、歴代の米国大統領が使用したことにより、外部勢力による強制を意味する言葉として、広まり定着しました。その後、米国は、リビアのレジーム・チェンジを求め、CIA（米国中央情報局）を動かし、NATO（北大西洋条約機構）同盟国は、二〇一一年三月、国連安全保障理事会決議一九七三に基づき、リビアへの軍事介入を行いました。当初、ユニファイド・プロテクター作戦（Operation Unified Protector: リビアに対して行った武器禁輸措置を実施するための海上作戦）の大義は、リビアの市民および市民が多く暮らす地域を、リビア政府からの攻撃の脅威から守るというものでした。このような、ある特定の国家、あるいは特定の国家からなる同盟機構による「レジーム・チェンジ」は、どのように正当化できるのでしょうか。所属する国家（政府）が、レジーム・チェンジの行動を起こす能力のある国民と、そうした能力を持たない国家の国民とは、どのように共存できるのでしょうか。国際社会正義の執行は、軍事力を持つ国の責任なのでしょうか。

現代における正義の基礎基盤は、「個人」にあると考えられています（一元論）。正義は、自由に対する個人の権利の名の下に、主権国家の権限を制限すること（いわば、反ホッブズ派的立場）を求めていきます。社会の諸制度が、その市民を、仮に不公平に扱っていた場合、その権限が及ばないようにすること（あるいは不公平な制度が改められること）が求められるわけです。「一元論によれば、すべての倫理観・道徳規範の基礎基盤は個人でなければならず、社会や民族に求めてはならない。どのような道徳規範を社会制度や国際関係に適用しようと、究極的にはそれは個人に受け入れられる努力によってのみ正当化される」[Nagel 2010: 71]。しかし、国際社会においては、個々人に与えられている正義を求める権利には、ばらつきがあります。例えば、所属する国家が、他国に比べ影響力のある軍事力を保持する国民が、現在の国際秩序の下で、(民主主義国家であることを前提に) 彼らだけに与えられている軍事制裁オプションの行使を、抑制する用意はあるのでしょうか。既に述べたとおり、もしホッブズが正しいのであれば、世界統一政府が存在しないところでの、国際社会正義の考えは絵に描いた餅にすぎません。現国際秩序において、軍事的な優位を有する国家の国民が、必ずしも、国際社会の一員としての公平・平等観において、行動するつもりがないのであれば、前述の、道徳規範の基礎基盤を個人に置くとする一元論も、国際正義を追求する上で、どれほど意味のあるものかは疑問です。

これも既に述べたとおり、不義・不正のレジームに対し、他国が経済交流を通じ、直接あるいは間接的に支援し、その永続化をはかることは、正義に対する共謀的侵害と言えます。言うまでもなく、諸国家が保有する経済力、あるいは軍事力には違いがあります。強い経済、あるいは軍事力を持った国家は、相対的にそうした力を有しない国家にくらべ、他国に対し、より強い影響力を及ぼし得ます。つまり、民主主義国家の枠組みを前提にすれば、経済あるいは軍事的制裁を施す能力を持つ国の国民個人は、そうした能力を持たない国の国民個人にくらべ、国際社会正義に対する、より多くのオプションが与えられていると言えます。言いかえれば、レジーム・チェンジを求める権利は、国際社会の一員としての個人レベルにおいて、平等には賦与されていないのです。

日本国憲法の第二章には「戦争放棄」が規定されており、日本国民は、正義と秩序を基調とする国際平和を誠実に希求し、国権の発動たる戦争と、武力による威嚇又は武力の行使は、国際紛争を解決する手段としては、永久にこれを放棄するとあります（第九条第一項）。さらに、第二項では「前項の目的を達するため、陸海空軍その他の戦力は、これを保持しない。国の交戦権は、これを認めない」とあります。日本国民による、国際社会正義を求めるために与えられているオプションは、米国やＮＡＴＯ加盟国や、その他国際連合における安全保障理事会常任理事国の国民に比べ、制約を受けている（ある意味、自ら課している）と言えます。

国際社会における無政府状態は望ましくないという意味で、ネーゲルの「無政府状態から正義へのプロセスでは、不公平・不平等を通らざるを得ない」との主張は、現在の軍事へゲモニーの状況を考えれば、やむを得ない面があると思います。しかし、その過程で、軍事力を持たない国の国民個人は、国際社会の不義・不正にどのように向かい合うべきなのでしょうか。別の観点で言えば、日本国民は、国際秩序維持あるいは国際社会正義を執行するために、軍事制裁オプションを持つべきかどうかの議論に至っていません。憲法九条を巡る護憲・改憲の国内議論は、基本的に安全保障の観点からのものに終始しており、国際社会正義を執行するために必要かどうかという「覚悟」の観点からのものは、ほとんど見られません。軍事制裁オプションを持たないのであれば、持たない国として、現国際秩序と向き合っていくため、どのような「覚悟」が必要なのでしょうか。

軍事力の寡占を基盤とする現国際秩序のなかで、軍事的制裁オプションを有する国が、基本的人権保護の目的で他国に介入する際の、判断およびその判断基準について、それが正義に沿ったものであるか、われわれ、特に軍事力を持たない国家の国民は、絶えず注視する必要があると考えます。国際世論を喚起することにより、軍事的制裁発動の正当性をはかるガイドライン（国際社会正義の原理）を、国際慣習法化していく努力が求められます。日本は、大きな経済的制裁オプションを持つ国として、国際社会正義原則の明確化、および国際慣習法化をはかることに貢献すべきではないでしょうか。その上で、軍事的制裁オプションを有する国（およびその国民）が、正義に沿わない場合はどうするかの覚悟、例えば、日本は、不義な介入に立ちはだかる勢力の一員となるべく、軍事力を保有する用意があるのかどうかを、その次のステップとして議論するべきであると考えます。

3　国際社会正義執行ガイドライン策定への試み

国際社会正義に向けた執行ガイドラインの策定には、試行錯誤を続けていくことになろうかと思われます。ここでは、一つの試みとして、制度政治経済学・制度変更理論のレンズを通して、どのような場合には、経済的・軍事的制裁、レジーム・チェンジのための他国の介入が正当化されうるのか、その判断基準を巡る議論を整理してみたいと思います。

制度政治経済学は、経済システムの効率性を決定する要因として、様々な「制度（ルール）」に着目し、経済の（非）効率性と制度には強い連関性があることを主張します。経済の非効率性を生んでいる制度的欠陥は、その制度を変更することにより解決されると捉えることから、①どのような代替制度が望ましいのか、加えて、②そうした代替制度への変更・移行が可能かどうか、政治的要因も併せて分析する学問領域と言えます。この制度政治経済学における制度変更理論の枠組みにおいて、制度的失敗（Institutional Failure）には、二つのタイプがあることが指摘されます。一つは「構造的失敗（Structural Failure）」と呼ばれ、経済社会システムにおいて、非効率を生んでしまう、制度構造上の欠陥がある状態を指します。もう一つは「移行の失敗（Transition Failure）」と呼ばれ、より良い制度に転換するペースや方向における失敗―すなわち、非効率な制度から抜け出せない状態を指します［Khan 1995; 2004a］。国際社会正義に関して当てはめれば、個々の国における、基本的社会経済人権を保障・執行できなくさせている統治上の問題（構造的失敗）と、国民に貧困と暴虐を強いている不義の国家が、そのまま存続する問題（移行の失敗）とを区別することにより、どの程度深刻な、構造的失敗が現にあり、どの程度、その国が自ら、制度転換できない移行の失敗に陥っているかという二つの基準から考えること、言いかえれば、制度的失敗を二つのレベルから分析することが有用ではないかと考えています。

表3-1は、構造的失敗―人権侵害の程度―を縦軸に、移行コストの高低（高コストは、自ら制度転

表3－1　構造的失敗と移行コストとのマトリックス

		移行コスト	
		低	高
構造的失敗 不正・不公平の程度	低	比較的「正義」「公平」な社会が実現されている	独裁色・エリート層による支配の強い政権ながら，比較的「公平」な資源配分，基本的人権の保護が見られる
	高	「不公平」な資源配分が見られるが，自発的な政権交代・制度変更により是正される可能性がある	「不義」「不正」な状態が，独裁者およびエリート層の結託により，固定化している．内部的な力では政権転換が困難

出典：筆者作成.

換が難しいことを示します）を横軸にとったマトリックスで、制度的失敗に陥っている国のタイプを四つに分類したものです。構造的失敗の程度が低く、移行コストも低い国は、比較的「正義」が実現されていると考えられるので、問題があるのは、その他三つのタイプということになります。

構造的失敗の程度は高くても、移行コストの低い国は、現時点で問題が生じていても、国内的に問題のある制度・政権が変更されていくことから、将来的には、是正されていく可能性がある国として捉えられます。また、移行コストは高くとも、現時点において、構造的失敗の程度が低い国に対しては、基本的に、外部勢力によるレジーム・チェンジは求められません。従って、国際社会正義の観点から、より議論が必要なのは、構造的失敗の程度が高く、しかも移行コストが高い国ということになります。

政治経済学者のムシュタク・カーン（Mushtaq Khan）による、制度政治経済学の観点からの顕著な貢献の一つは、非効率あるいは不正な国家をそのままに固定化させてしまっている状態—移行の失敗—を引き起こす主要な変数として、政治的制約あるいは「政治的裁定（の仕方・あり様）」に分析の光を充てたことにあります［Khan 1995: 2004a: 2004b］。カーンは、ある特定の方向への転換が、転換してしまうと、これまで得ていた権益を失いかねないグループが強い政治力を持っている場合、そのグループの強い抵抗にあい、転換ができないケースに着目します。カーンが批判の矛先を向ける新制度経済学派（ダグラス・ノース等）は、制度変更は主として、個々の交渉—利得者が利得を失う者に対して補償をする交渉—によってうながされると考えています。もし制度変更の利得者が、常に制度変更によって利得を失うものに補償を行い、制度変更が自発的交渉を通じてのみ起こるとする新制度経済学派の世界では、理屈としては、社会にとって、よりよい制度だけが現れてくることになります。[1] しかし、現実の世界においては、制度変更は、交渉や補償の過程を通じてのみ行われるわけではありません。特に、経済主体の間に、政治力・権力の大きな違いがある場合、常に強者が弱者に補償するとは限りません。仮に、強者が補償するつもりが当初はあったとしても、利得を失うものに対する補償のコミットメントは、履行されないこともしばしばあります。なぜなら、いったん制度変更がなされてしまうと、利得を失う側の交渉力は、制度変更前にくらべて、弱くなってしまうからです［Khan 1995］。

新制度経済学派のエコノミストは、制度の質（の善し悪し）が、どれほど経済の発展に寄与しているかを探求しています。世界銀行等の国際開発金融機関で進められている、ガバナンスに関する諸調査でも、経済発展と制度の質との強い連関性を示す研究資料は多く出されており、ガバナンス（統治制度）は重要である、との議論はさかんに行われています。世界銀行では、ガバナンス指標を考える諸プロジェクトを通じ、制度の質を、六つのクラスター――①発言と説明責任、②政治的安定性、③政策効果、④規制の質、⑤法の支配、⑥腐敗防止――に分けて評価をしています［Daniels and Trebilcock 2004: 102］。こうした「制度の質」をはかる試みは、前述の「構造的失敗」の原因を分析し、その問題の深刻さをはかるガイドラインの精緻化に貢献することが期待されます。

他方、「移行の失敗」をはかる指標やガイドラインについては、国際開発金融機関でも、議論されることはまだ少ないようです。制度政治経済学のエコノミストの間でも、今のところコンセンサスはありません。Di John and Putzel［2009］は、固定的な「エリートによる支配」を、高い「移行コスト」を発生させる根本要因の一つとして挙げています。彼らは、政治的裁定にみられる、支配層どうしの結託が、経済資源（土地、労働力や資本）へのアクセスや、重要な経済行動規制（契約や所有権法、貿易や教育等）を通じた便宜・恩恵を、エリート層のみに与える秩序を創り、固定化させていることを指摘しています。レント（超過利潤）を享受する立場にいるインサイダーは、そうした特権を同じように有するインサイダーと、レントを巡り争う方向ではなく、むしろ結託して、その制度を守ろうとします。そして、お互いに権益を守りあうエリート階級により、国家が運営されていくことになります。この説からすると、移行の失敗の深刻さをみる基準としては、政治的裁定に見られるエリートの支配力、および結託関係をみる必要がある、ということになります。

レジーム・チェンジが求められる国家の例として、カーンは、権力の私物化が特徴としてみられる「世襲的国家（*Neo-patrimonial state*）」を挙げています。世襲的国家の特徴として、第一に、権力者の恣意的な権力行使が、時として法律より優先されることから、フォーマルなルール（法律）が、重要性をもたなくなることが指摘されます。第二に、指導者と指導者と特定の結び付きのある人たちが、政治を左右するようになることが指摘されます。すなわち、民主主義および政治の説明責任が欠落した状態となります。第三に、腐敗を防止する機能が働かないことから、腐敗が国家のあらゆるレベルに蔓延するようになることが指摘されます［Khan 2004b: 23］。こうした「世襲的国家」は、蔓延する腐敗と直接的搾取を通じ、経済的停滞を招くとともに、その国民の基本的人権を侵害し続けることになります。

移行コストが著しく高い国は、その国の内部の力によっては、制度転換ができず、結果、不義・不正な国家が永続化することになります。そうした制度転換が自らできない国が現にあるということからすると、ロールズの政治的自由主義に基づく国際社会像―国内的に正義を達成・執行した諸国家が、平和裏に共存する―を期待する議論は、やはり、無邪気なものに映ります。時として、われわれは、現時点では、それが国際社会正義の原理原則とは認定はできないものの、ネーゲルの「最低限守られるべき道徳規範」の適用を考える必要に迫られます。人として、暴力や奴隷化や強制を受けない基本的人権保護や、差し迫った危険から守るために、手を差し伸べる人道的義務を考えることは、少なくとも個人レベルでは正当化されるものですし、その人道支援が、ゆくゆくは、内部的に不義・不正な政権と戦うであろう世代を生かし、支えることに期待をかけることになります。

しかし、人道支援、特に経済的支援をする側としては、それもできうる範囲内でということにはなります［Nagel 2010: 76］。移行コストが限りなく高い国家、すなわち、権力の私物化や不義・不正の国家を支える「エリートの支配力」が固定化されているために、自発的なレジーム・チェンジが未来永劫期待できないような国家に対し、経済的人道支援を求められた際に、大きなジレンマにぶつかります。支配層が、レントを搾取し続ける著しく不正の政権下で、その国民の差し迫った生命の危険に、いつまで、国際コミュニティは、手を差し伸べ続けるべき（あるいは支え続けることができる）でしょうか。時として、不正なレジームにおけるエリート層を太らせることに繋がってしまう人道援助を行うよりは、（外部的な力による）レジーム・チェンジを促すことに、われわれの資金や資源を使うことを考えることにも、妥当性・正当性はあるのではないかとのジレンマです。

ネーゲルの「最低限守られるべき道徳規範」を適用する際、支援先となる国家が、どの程度「構造的失敗」に陥っており、その国民に対して、基本的人権保護の執行ができない制度的原因がどこにあるのかは問われることになります。そして、その解決策としての代替制度、およびその代替制度への変更可能性（移行コスト）が検討されることになります。「移行の失敗」を引き起こしている国家の政治的裁定の仕方やあり様を、より慎重に分析し、試行錯誤を繰り返しながらも、国際コミュニティが一定のガイドラインを策定し、コンセンサスを得ることが望まれます。外部の力によるレジーム・チェンジの発動要件を、国際コミュニティのコンセンサス、いわば「協同責任」に基づくようにするために、多方面からの議論および努力が必要と思われます。

4　日本の国際社会における覚悟再考

先に挙げたマトリックスに従えば、少なくとも相対的に、朝鮮民主主義人民共和国（北朝鮮）は、構造的失敗（人権抑圧）の程度が高く、移行コストも高い国家に位置づけられるものと思われます。米国平和研究所のシニア・フェローであったハーゼル・スミス（Hazel Smith）は、北朝鮮は最も予想しがたく、この地上において最も野卑な国家であると称しています［Smith 2005: ix］。日本は、北朝鮮に対し、どのような対応ができるのでしょうか。

過去、日本政府は、一九九〇年代半ばから二〇〇一年まで、人道的食糧支援を北朝鮮に供与していました。この人道支援には、一九九〇年代初めに始まったものの、実質的な進展がないままになっていた日朝国交正常化に向けた、対話を促進することになるのではないか、との政治的思惑がありましたが、結局のところ、北朝鮮がその後、政治対話に乗ってこなかったことから、二〇〇一年に打ち切られることになります［Smith 2005: 210］。その一方、米国は、クリントンおよびブッシュ政権を通じて、北朝鮮への人道的食糧支援を続けることになります。米国政府の支援の大半は、国連世界食糧計画を通じて行われ、ＮＧＯを通じた支援も加わっていきます。北朝鮮向け人道支援（加えて、支援に対する二国間でのコントロール）は、クリントン政権時代に強化されますが、その目的としては、配給される食料が予定どおり届いているかどうかを確認するとともに、北朝鮮社会の情報を得ることにあったと言われています。

米国には、レーガン政権以降、人道支援を政治的に使うべきではないという議論があります。前述のハーゼル・スミスは、二〇〇二年以降、日本は、北朝鮮に対しては、日本人拉致問題と自国の安全保障問題の観点との結びつき以外に、人道的問題を見ることはなくなったと評しています（Smith［2005: 211］参照。スミスは、日本では、北朝鮮に対する敵意があまりに強く、そのためにユニセフのような国際援助機関が、北朝鮮向け支援のための資金調達を控えるに至った経緯を紹介しています）。

軍事的制裁オプションの行使を制限している国家にとって、人道的支援や、それを打ち切るという行動は、人権を抑圧している体制に対し、特に外交関係を持たない国に対しては、限られた外交カードの一つと考えられます。その意味からは、拉致問題を巡る国内世論を反映し、支援を打ち切った日本政府の対応も無理からぬ面はあります。しかし、北朝鮮の一般市民が、どのような人権弾圧に苦しんでいるのか、また、制度変更あるいは政権転換コストがどれほど高いものなのか、北朝鮮政治経済社会の様々な情報収集をはかることは、極めて重要なことと思われます。自国の安全保障ももちろんですが、北朝鮮の一般市民が仮に著しい人権弾圧を受けているとするならば、彼らを救うためにどうすればよいのか、それを検討する上でも、情報収集は欠かせないことであり、日本は、北朝鮮との外交関係の正常化を、経済支援と切り離して、速やかにはかるべきではないかと考えます。外交関係の樹立は、インテリジェンスを働かす上で、また、安全保障および情報収集の観点からも、強力な基盤・手段となることが、もっと日本国内で議論されてもよいと思います。北朝鮮政府からの、飢饉に苦しむ人たちのための支援要求に対する、ＮＧＯを含む人道支援コミュニティの果たす役割も、情報収集の観点から、再考されるべきだと思います。

その一方で、軍事的制裁オプションの行使を制限している国家の国民が、軍事優位性を持つ国の国民と、どこまで一緒にやっていけるのかが、問われなければなりません。レジーム・チェンジに対する異なるオプションを持つ国々の間で、国際社会正義に対する「協同責任」を醸成していくことには、大変な困難が伴います。人道援助の位置づけや目的も、各国が、どのようなレジーム・チェンジへのオプション（あるいは思惑）を持っているかにより、違いがあることは認識しておく必要があります。既に述べたとおり、軍事力の寡占を基盤とする現国際秩序において、レジーム・チェンジを求める権利は、国家レベルでも個人レベルでも平等には賦与されていません。そのことを認識したうえで、われわれは、正義と国家主権との関係を再考していく必要があります。ある特定の国家や、ある特定の軍事的同盟の加盟国による軍事へゲモニーにより、執行されている現国際秩序に追従する立ち位置なのか、国際コミュニティの一員としての「協同責任」を、軍事的制裁も含め、担う覚悟を持つのか、議論が必要です。軍事制裁オプションを持たないのであれば、軍事制裁オプションの制約を受けている国としての、国際社会（特に軍事的優位を持つ諸国）と向かい合う「覚悟」が必要と考えます。当面は、人道援助あるいはレジーム・チェンジの正当性に対する、国際社会のコンセンサスづくりへの貢献こそ、その覚悟ではないでしょうか。

注

（1）ある効率的とはいえない制度Xにおいて、Aが一〇〇の権益を得ているとする。AとBを含む社会全体として、より効率的な制度Yでは、少なくともAが得ている一〇〇以上の効用を生みだすと考えられる（例えば一一〇）。理屈としては、制度がXからYに変更することにより、Aは今得ている権益一〇〇を失う可能性があるが、Bが制度Yから得る一一〇のうち、一〇〇をAに補償する条件であれば、Aも制度Yへの変更を認めうる。制度Yのもとで、Aは一〇〇を得て、Bは一〇得ることになり、社会全体としては、より多くの効用を生みだす制度Yへの転換ができることとなる。

第4章 国際金融における立ち位置

――「経済の金融化」に歯止めをかけるために日本が調整すべき「ビジネス倫理」とは?――

相対的な経済力は低下しているものの（私は、基本的に、その分、生活の質【Quality of Life】が向上し、社会正義が実現されているのであれば、GDPの低成長はそれほど問題ではないとの立場ですが）、日本は、依然として経済大国です。G8あるいはG20の主要メンバーとして、世界経済の持続的発展、およびグローバル金融・通貨危機回避に貢献する責任があると思います。周期的に繰り返される金融不安に対し、どのような予防策、処方を講ずることができるのでしょうか。また、「経営者資本主義」から「投資家資本主義」への移行、金融業が実体経済に対する支配権を強化していく「経済の金融化」の傾向（そのことが、経済のみならず、社会、政治、教育などにも歪みをもたらす現象）について、歯止めをかけることができるのでしょうか。日本は、米国型の市場原理主義への盲従には反省する向きはあるものの、市場原理主義に対抗する代替の原理原則を打ち立てようとはしていません。

かつて、日本は、「メインバンク」システムや、護送船団（Convoy）システムとよばれた「相互信頼」に基づく「関係重視型」銀行制度―日本型「間接金融」を基盤とする金融仲介様式―を構築し、高度経済成長を促すことに成功しました。しかし、一九七〇年代後半以降の産業構造の変化や、金融環境の変化に適切に対応できなかったため、一九八〇年代後半に金融バブルを引き起こし、伝統的とも称される日本型金融システムは、その制度的欠陥を露呈することになりました［Suzuki 2011］。日本は、米国流「ルール重視型」の証券市場を基盤とする金融仲介制度、バーゼル規制重視型金融制度への転換を行いましたが、その制度転換は、中堅中小企業への資金仲介が滞る［Suzuki 2011: 5］等の、長期に亘る金融停滞を、日本にもたらしました。日本は、米国型ではない、より日本に適した代替の金融様式を打ち立てることを忘れ、金融停滞および経済停滞は、二〇一〇年にも及んでいます。ここにも「ホールドアップ（お手上げ）」の状態が見られます。

「社会正義」や「倫理」「相互信頼」を、いかに競争・利益追求とともに達成すべきなのでしょうか。経済効率と倫理・公平性とを、どのようにバランスさせるべきなのでしょうか。経済のグローバル化の中で、アジア金融市場、イスラム金融市場の役割も増してきています。アジアに位置し、東洋の倫理・道徳観の伝統を有する日本は、アジアやイスラム金融に見られる倫理・制度的特徴を吟味し、グローバルな金融危機を回避する金融制度・金融様式を提起する立ち位置を考えるべきではないでしょうか。

本章では、まず、金融市場がなぜ脆弱なのかについて、ケインズおよびポスト・ケインズ派の「不確実性」に対する研究をベースに議論します（本章第1節）。投資家が、投資判断をするにあたり参考とする情報や手段に対する信用・信頼度合いは、不確実性の中では絶えず揺らぐものであり（時には楽観主義が入り、過剰な投資が促され、時には悲観となり、合理的と思える収益が期待できても投資を手控える）、この揺らぎこそ、避けることのできない不確実性とともに、金融市場を構造的に脆弱なものにしていることを指摘します。

そのうえで、米国型の金融仲介様式が、どのように「不確実性」を分散・吸収しているのかを整理します（第2節）。様々なタイプの「アニマル・スピリット」を持つ多様性のある投資家層の厚みがあればこそ、成長あるいは変化していく経済における、多種多様な経済活動がファイナンスされます。この投資家層が全体として、多種多様なリスクや不確実性を吸収するキャパシティがある限り、こうした投資家層が基盤となっている金融市場は、経済のダイナミズムを支えます。こうした金融構造を持つ米国は、比類なき強さを持っていることを指摘します。一方、その米国でさえ、不確実性を吸収するキャパシティを超えた金融市場の暴走―二〇〇七―二〇〇八サブプライムローン危機―を止めることはできませんでした。

米国における金融市場の暴走―金融市場がまさに賭博場と化す実態をみるにつけ、米国型への盲従が、日本にとって、また世界にとって望ましい方向とは思えません。第2章で議論したとおり、「市場原理」にただすがっていては、金融市場の暴走は防ぐことはできないのです。日本は、米国型ではない代替の金融仲介様式を模索すべきです。本章では、イスラム金融仲介様式がもつ倫理規範について考えてみます（第3節）。加えて、新制度派経済学において分析の光を当てられてきている「信頼Trust」を巡る議論についてふれていきます（第4節）。

1　金融市場はなぜ不安定なのか

金融市場はなぜ不安定なのでしょうか。言いかえれば、金融不安や金融危機に、われわれは、なぜ定期的に見舞われるのでしょうか。答えを急げば、われわれ人間は、将来のことは、正確にはわからないという意味での「不確実性Uncertainty」に対処しきれないため、ということになろうかと思います。

金融あるいは「投資」には、貸した資金、あるいは投じた資金が返ってこないという可能性がつきまといます。この可能性は、一般的には「リスク」と呼ばれています。この「リスク」を、貸し手あるいは投資家としては、リスクがどの程度高いのか、あるいは低いのかを、審査段階において極力計量したいと考えます。例えば、「この貸付は三〇％返済されない可能性がある」とか「この投資は五〇％以上戻らない可能性がある」等、数値的あるいは確率論的に、その返済されない可能性──リスク──を捉えようとします。

同じ産業で、過去、何度か繰り返しなされた投資が、どの程度、成功あるいは失敗したかの統計データがあり、同じような資産規模で、同じような財務構造を持った企業が、同じ投資を行う場合のリスクを計量化することには、統計上の有意性が期待できます。しかし、事業を行う企業にとっては、他の企業を含めた成功確率ではなく、自分は一〇〇%成功させるという意志を持っている—主観的確率としては成功一〇〇%と判断している—ので、客観的（統計的）確率を捉えることが、どれほど意義があるかはそもそも疑問です。しかも、全く新しいタイプの事業や、新規技術開発のための投資の成功確率を、過去の統計データから割り出すことは不可能です。また、実際の投資には、様々な「不確実性」が伴います。ケインズ（John M. Keynes）は、彼が言うところの「不確実」な知識が、どのような意味をもっているかを、次のように定義しています。

「不確実な知識という言葉によって、単に、確実に知られていることと、蓋然的でしかないこととを区別しようとするわけではない。ルーレットのゲームは、その意味では不確実性の下にあるわけではないし、戦費国債の償還の見込みも不確実性にさらされてはいない。あるいはまた、余命の不確実性もほんのわずかな程度のものでしかない。天候の不確実性でさえたいしたことではない。私が使っている意味は、ヨーロッパで戦争が生じる見通しであるとか、今から二〇年後の銅の価格や利子率、ある新しい発明の陳腐化、一九七〇年【筆者註：ケインズにとっては、三〇年以上後のこと】の社会制度の下での私的財産保有者の地位などにまつわる不確実性なのである。これらのことがらについては、何らかの計算可能な確率をあてはめるための科学的な根拠は存在しない。にもかかわらず、日常生活をおくらなければならないわれわれは、行動や意思決定の必要に迫られて、このどうしようもない事実を無視し、あたかも一連の損得の見込みを、それらの損得の各々に適当な確率をかけた上で足し合わせて、ベンサム流に計算しているかのように行動しようと最善を尽くしているのである」（Keynes［1937：213-14］参照）。

行動の結果は将来を形成するため、客観的に合理的な選択をするのに、理屈としては、正確な将来予測は欠かすことができないはずです。しかし、現実の世界では、多くの選択は、不確実な条件の中でなされています。「リスク」と「不確実性」との定義・区別については、今なお、様々な議論がありますが、フランク・ナイト（Frank Knight）の有名な定義によれば、発生確率や確率分布が既知のもので、「数値化・計量化できる不確かさ」を「リスク」、そうした数値化ができない状態を「不確実性」と呼んでいます。不確実性は、容易には、客観的な確率では測ることのできない出来事の、その発生の可能性を判断する主観性を指すことになります。前記のケインズが挙げた例で言えば、ルーレットで次は奇数が出るか、明日の天気が晴れになるか雨になるか等は「リスク」に関わることで、一方、数十年後の市況価格や金利がどうなっているか、一つの商品が何年間は市場で受け入れ続けるか

（いつ頃、代替の技術が開発されるか）、数十年後の法規制に変更はあるのかどうか等は「不確実性」に属します。

基本的に、不確実性は、計量できるリスクには置き換えられません。不確実性は、多かれ少なかれ無視されるか、あるいは、特定はできないものの、不測の事態が発生した場合の損失をカバーするためのリスクプレミアムを乗せた上で、主観的確率が代わりに適用されることになります。将来のことはいずれにせよ、いかなる過去の統計データを駆使したとしても、正確無比には知りえません。不確実性が存在する環境で、どのような選択をすればよいかを示す正確な経済理論は存在しないため、経済主体は、他人がどのように行動するかを見て、どのような要因を考慮に入れるべきか、その要因の中のプライオリティをどのようにつけるべきかについての規範、手続を踏襲する傾向がみられます。しかし、「あるとられた群集行動が、事後に間違っていたと気づいたときは、すでに（金融）危機に瀕している」［Davis 1995: 135］のです。

ハイマン・ミンスキー（Hyman P. Minsky）は、「不確実性」に分析の光をあてるポスト・ケインズ派の貨幣・金融理論家であり、貨幣・金融市場の脆弱性、定期的な金融危機発生メカニズムのモデル化に多大な貢献をしたことで知られています。ミンスキーは、金融システムを不安定にさせる要因として、以下の三つの面について言及しています。

①経済における、ヘッジファイナンス（Hedge Finance）、投機的ファイナンス（Speculative Finance）及びポンジーファイナンス（Ponzi Finance）の組み合わせ。
②ポートフォリオにおける、現金あるいは現金化できる資産のウェイト。様々なビジネスユニット・クラスにおける狭義における流動性。
③継続中の投資のどの程度が、デット（返済期限のある負債）でファイナンスされているか（負債・自己資本比率）。

ミンスキーによれば、あるビジネスユニット（例えば企業）のキャッシュフローが、ある期間において受け取るキャッシュが、支払うべきキャッシュを相当なマージンをもって上回ることが「予測できる」状況にある場合、そのユニットの負債は「ヘッジ」ファイナンスとなっている、と言っています。次に「投機的」ファイナンスとなっているユニットでは、ある期間において予定されているキャッシュインフローを超えるキャッシュ支払いフローを抱えているものの、保有資産から得られることが予測されるキャッシュフローの現在価値が、契約上支払を約束しているキャッシュフローの現在価値を上回っている状況となっており、純資産ベースでは損失を出していない状況にあるとされます。そのため、リファイナンス（借り替え）が可能な状況にあるとされます。最後に、ポンジーファイナンスとなっているユニットは、投機的ファイナンスでキャッシュの支払い約束の金利部分がキャッシュの純受取り額を超えており、ポンジーファイナンスに陥っているビジネスユニットは、現在価値計算上すでに債務超過に陥っている状態とされます［Minsky 1977: 143］。ミンスキーは、特に、投機的あるいはポンジーファイナンス状況にあるビジネスユニットは、資産からのキャッシュインフローが少なくなるような事態と同様、金利の変化によって影響をうけることを強調しています。例えば、金利上昇は、収入は変わらないままに、キャッシュフロー上の支払い負担を増やす場合があります。すなわち、経済環境の変化に応じて、ヘッジファイナンス状態が投機的なものになり、投機的ファイナンスがポンジーに陥ることもあるわけです。

ミンスキーは強調していませんが、キャッシュフロー予測（特にインフロー）が、不確実な条件下における「予測」である以上、貸し手（投資家）が、どのようにその予測を評価するか、すなわち貸し手による審査及びモニタリングは、ファイナンスあるいはリファイナンス手続において重要となります。どの程度、予測されるキャッシュインフローが、キャッシュ支払い約束額をカバーするか（ミンスキーはこの超過分を「安全率」と呼んでいます）を審査・モニタリングすることは、信用リスク評価の核をなしています。しかし、貸し手のモニタリングは、本来不完全なものです。なぜなら、貸し手の判断自体、「限定合理性」（第2章第1節参照）及び「不確実性」に常に晒されているからです。ミンスキーの金融市場脆弱性仮説に基づき、歴史上引き起こされたバブル経済と金融危機を分析し、バブル発生～崩壊史観とも言える一つの歴史観を確立したキンドルバーガー（Charles Kindleberger）は、次のように述べています。

「ある出来事が確信を呼び、楽観主義が入り込んでくる。売上や粗利益の堅調な伸びを信じる予測がポートフォリオをより積極的なものに切り替える。金融機関は、より慎重に考える状況では行わないような、流動性を減らす戦略を受け入れる。この積極的ポートフォリオの展開自体、投資が投資を生むマニア（Mania）的状況をもたらす（中略）。ユーフォリックな投機は、個々の参加者の行動自体は合理的と見えるのにもかかわらず、様々な段階で、様々なインサイダーやアウトサイダーを伴なってマニアやパニックの状況をもたらす」［Kindleberger 1996：29–30：34］。

金融市場は、将来に果たすべき約束、しかも、その約束が果たされるかどうかは、絶えず不確実性に晒されている約束を扱っています。一般的に、信用リスク審査・管理の過程における不確実性のために、貸し手は、他の貸し手の行動をウオッチし、自身の判断を裏付けるために、広く受け入れられている基準を求める傾向があります。Bikhchandani and Sharma［2000］は、なぜ利益を最大化しようとする投資家が、他人の行動に影響をうけるのかについて、次の理由を示しています。①自分からみて、他人は、ある特定の投資に対する見返りについて何かを知っているかもしれず、他人の行動はこうした情報の発露ではないかと受け取ること。②人には生来、皆に合わせていく選好があること。③投資担当者の歩合や雇用条件上、他人と同じ行動をとる模倣は報われるようになっていること。

と［Bikhchandani and Sharma 2000: 10］。投資担当者の雇用主が、その担当者の資金運用能力がどの程度なのかはっきりはわからない場合、担当者が、他の投資担当者と同じポートフォリオを選ぶことは、問題を霧の中に置いたままとなると彼らは説明しています。すなわち、その担当者の投資運用能力については、依然わからないままになってしまうわけです。このことは、当該担当者に有利に働き、他の投資担当者も同じ状況にあれば、群集行動が引き起こされることになります。ケインズは「〈健全な〉銀行家とは、危険を察知し、それを避ける者ではなく、伝統的且つ正統的なやり方を同胞とともに踏襲していて、仮に失敗した場合、誰も責めることができない者をいうのである」と、皮肉まじりに述べています［Keynes 1963: 176］。

Williamson［1985］や Hargreaves Heap［1992: 17］は、投資判断・審査のための情報収集コストおよびモニタリングコストが嵩んでくると、経済主体（貸し手・投資家）は「便宜的方法・経験則」に頼る傾向があることを指摘しています。限定合理性の下では、審査・モニタリングのためのスキルや知識を自ら身につける努力を払うよりは、銀行の融資担当者・管理者としては、むしろ、コード化された信用リスク計量方法や、広く使われている信用情報を使うことを志向することが挙げられます。こうした志向は、当初「手段としての」合理性（Instrumental rationality）を求めた一つの審査方法として取り入れられる面はありますが、より複雑なリスク要因に直面してくると、その計算の根拠や合理性を絶えずチェックし、反省・改善していくこと自体が非常に煩雑・面倒なものとなってきます。その結果、融資・投資担当者としては、手段的合理性を問うことなしに、便宜的方法を受け入れることとなり、彼らの行動は「手続的」合理性（Procedural rationality）のみによって、パターン化されてしまう傾向が見られます。

バーゼル銀行監督委員会（Basle Committee on Banking Supervision, BCBS）が、各国金融当局を通じて促進している審査・モニタリング手法は、米国で開発された手法・モデルを用いて、信用リスクを計量しリスク総量を計算させる手法です［Basel Committee on Banking Supervision 1999a: 8］。同時に、標準化された信用リスク計量モデルは、銀行におけるリスク管理や、顧客別収益分析、リスクウェイトを掛けたプライシングを含むパフォーマンス評価プロセスにおいて、重要な手法として定着しています（尚、ＢＣＢＳの歴史的背景及び詳細については、Suzuki［2011］参照）。計量モデルに使われている概念的手法には、簡単なものから複雑なものまで幅はありますが、バーゼル会議が焦点を当てているのは、ローンポートフォリオの現在の価値を評価し、想定される時間軸における期末時点において、そのポートフォリオの将来価値がどのようになるかの確率分布を推定するモデルです。一般的に、ポートフォリオの予想貸付損失は、期初と期末時点とのポートフォリオ価値の差と定義でき、重要なポイントとしては、当該モデル計算の重要な入力数値となる、個々のローンの予想される倒産確率（予想デフォルト頻度、Expected Default Frequency あるいはＥＤＦともいう）をどのように判断するかということになります。

基本的には、各取引先（借り手）に対し、銀行の融資担当者あるいは審査部門のスタッフによって付けられる銀行内部の信用リスク格付が、このEDFを決定する重要な基準となります。各銀行が適用しているEDFは、時々の経営環境や個々の銀行の貸付業務戦略によって変更されます。しかし、バーゼル体制は、貸し手に対し、スタンダード・アンド・プアーズ（S&P）やムーディーズ（Moody's）の社債格付のような統計的外部格付を使い、各々のEDFの正当性を持たせることを推奨してきています。新自己資本比率規制の中で、バーゼル会議は、銀行内部の格付を基準とする審査アプローチのもとで課せられる自己資本が、外部格付を基準とする標準化されたアプローチによるものと、不一致や歪みがないことを強く求めました［Basel Committee on Banking Supervision 1999b: 37-40］。

米国の格付会社は、ある時点における過去の統計データに基づき、あるレーティング（格付）の企業が、一定年後（例えば、一年後や三年後など）どの格付に変わるかの確率を提供しています（詳細については、Suzuki［2011: 100］参照）。現在ある格付の会社（例えばBランクの会社）への貸付が、x年後返済不能（Default）となる確率が（例えば六％）表示されます。こうした情報を、審査基準に使用する銀行は増えており、例えば、格付Bの企業には融資をしないという基準を定めたり、前提される倒産確率を六％と置き、そのリスクに見合う貸出金利を設定する等の審査・貸出行動が促されています。

EDFを使うことの最大の制約は、EDFを、不確実性が高まる長い期間に亘る倒産確率の計算に用いることは適切ではないことです。EDF算出モデルとして普及したKMVモデル（KMVは一九八九年にStehen Kealhofer（K）, John McQuown（M）, Oldrich Vasicek（V）の三人を中心に設立されたベンチャーで、現在はムーディーズが買収。KMVモデルでは、企業の価値がその名目債務額を下回る事態をデフォルトとし、企業価値を示す株価の動きによって企業のデフォルト確率を算出できるとしています）を調査した日本長期信用銀行（長銀）の内部資料によると、KMVが提供していたデフォルト率は一年先までとなっていました。KMVをインタビューした元長銀行員へのインタビューによると、KMV社は期間一年のEDFの有意性については自信を持っていましたが、期間三年では適用は難しいことを認めていたといいます。元日本興業銀行（興銀）のスタッフであった中里もKMV社のヒアリングを通じ、類似の問題点を指摘しています［大野・中里 二〇〇四：一八二―一九〇］。

あらゆるリスクをヘッジする市場がない以上、どんなにサンプルデータを集めたとしても、誤謬なくEDFの絶対的数値を決定することは、理論的に不可能です。外部格付機関によって提供されている信用リスク格付の変動を示すマトリックス、一年以内に他の格付に変動する確率を示すマトリックスでさえ、統計的には有意であっても、ある特定の会社がどちらの方向に変動するか（同じBランクの会社が、格上げになるケースもあれば、倒産するケースもある）については、マトリックスではわかりません[1]。サイモンは、将来の予測を正確に計算し、数字に置き換える基盤を、人は持ちえないことを強調しています。

何羽の白鳥を見たからといって、次に飛んでくるのが黒鳥ではないと言い切ることを保証することはできない。（中略）理屈をつける（合理性を持たせる）プロセスは、象徴的なインプットを入れ、象徴的なアウトプットを出すことから始まる。最初のインプットは一般的に受け入れられているもの、それ自体は論理的に導かれたのではなく、単に実証的な観察や、更に単純に示唆されたものである。（中略）インプットからアウトプットへの変換プロセスについても、外部の命令や力によって導かれるものであり、合理性の結果とは限らないのである［Simon 1983：190］。

投資に対するリスクの主観的確率は、貸し手（投資家）と借り手（企業）という、立場の違いによっても差が生じますし、不確実性が伴う中では、どういう手法によってリスクを判断するか、その手法に対する信用・信頼の揺らぎは存在し、また、倒産確率のボラティリティ（予想変動率）も高いものになる傾向にあります。格付情報は、正確に将来を反映するものではありえませんし、また、その格付情報を貸し手がどれほどの信頼を置くかは、その時々によっても変わります。まして、借り手は、そうした格付情報によって自ら投資をするプロジェクトのリスクを判断するわけでもありません。

「（何をどれほど）信用・信頼できるかは、ビジネスを実践している人であれば、絶えず最も細心かつ最大の注意を払っていることである」［Keynes 1936：148］。長期予測を形成する短期予測は、個々がどのような判断材料を信用・信頼しているかによって左右され、このことは、ケインズ理論における、資本限界効率を決定する重要な要素の一つと考えられています。貸し手は、審査・モニタリングで参考とするどのような情報や手段であろうと、それら情報・手段への信用・信頼度合いは、不確実性の中では絶えず揺らぐものであり（時には楽観主義が入りバブルが誘発され、時には悲観となり経済停滞を長引かせる）、この揺らぎこそ、避けることのできない不確実性とともに、金融市場を構造的に脆弱なものにしていると考えられるのです。

2 米国流「不確実性」への対応

ケインズによる不確実性の本質的な含意は、あらゆる経済的に意味のある行動は、経済主体が不確実性から自らを守るための努力から生まれている、ということです。ここでは、米国金融システムが、どのように不確実性に対応しているのか、その構造について考えてみたいと思います。

投資には、その投資資金を回収する見込みから、短期投資と長期投資とに分類できます。一般的に、短期投資は、一年以内に資金を回収することを見込んで行う投資で、企業としては、原材料や商品の仕入れ（在庫投資）や売掛金回収までのつなぎ資金（運転資金）需要にあたります（短期投資の結果、企業が保有する資産は、一年以内に現金として回収することを見込んでいることから、流動性の高い「流動資産」とよばれます。逆にいえば、流動資産への投資の多くは、短期投資とも言えます）。一方、長期投資は、資金の回収が一年以上になることを見込んで行う投資で、企業としては、土地・建物の購入や、工場建設、設備機械購入等の設備投資需要にあたります（建物や工業、特殊な機械は換金性・流動性が低いことから「固定資産」とよばれます。すなわち、固定資産への投資の多くは長期投資とも言えます）。投資回収リスクとしては、企業にとっても、その企業の信用リスクをとる貸し手や投資家にとっても、長期投資の方が、短期投資にくらべてリスクは高いと考えられます。なぜならば、長期投資の方が、より不確実性にさらされているからです。投資家にとって、投資する企業の、一年後のリスクはとれても、三年後、五年後どうなっているかの予測は、より不確実になるわけです。

米国型金融構造には「分業」が見られます。すなわち、企業金融における短期運転資金需要に応える貸付（銀行ローン）市場と、設備投資等の中長期投資資金需要を支える証券市場（株式・社債・投資信託）との役割分担が見られます。

米国型銀行及び金融システムの特徴は、次のとおり整理されます（図4-1参照）。

①銀行業務（貸出業務）に対する厳しい規制。銀行間の競争規制（抑制）。

②自由競争的証券市場の推進（この構造は、厚みもあり多様性も併せ持った投資家層に支えられている市場メカニズムは、より良い金融資源の流れや配分を実現できるという新古典派経済学的考えを支えています）。

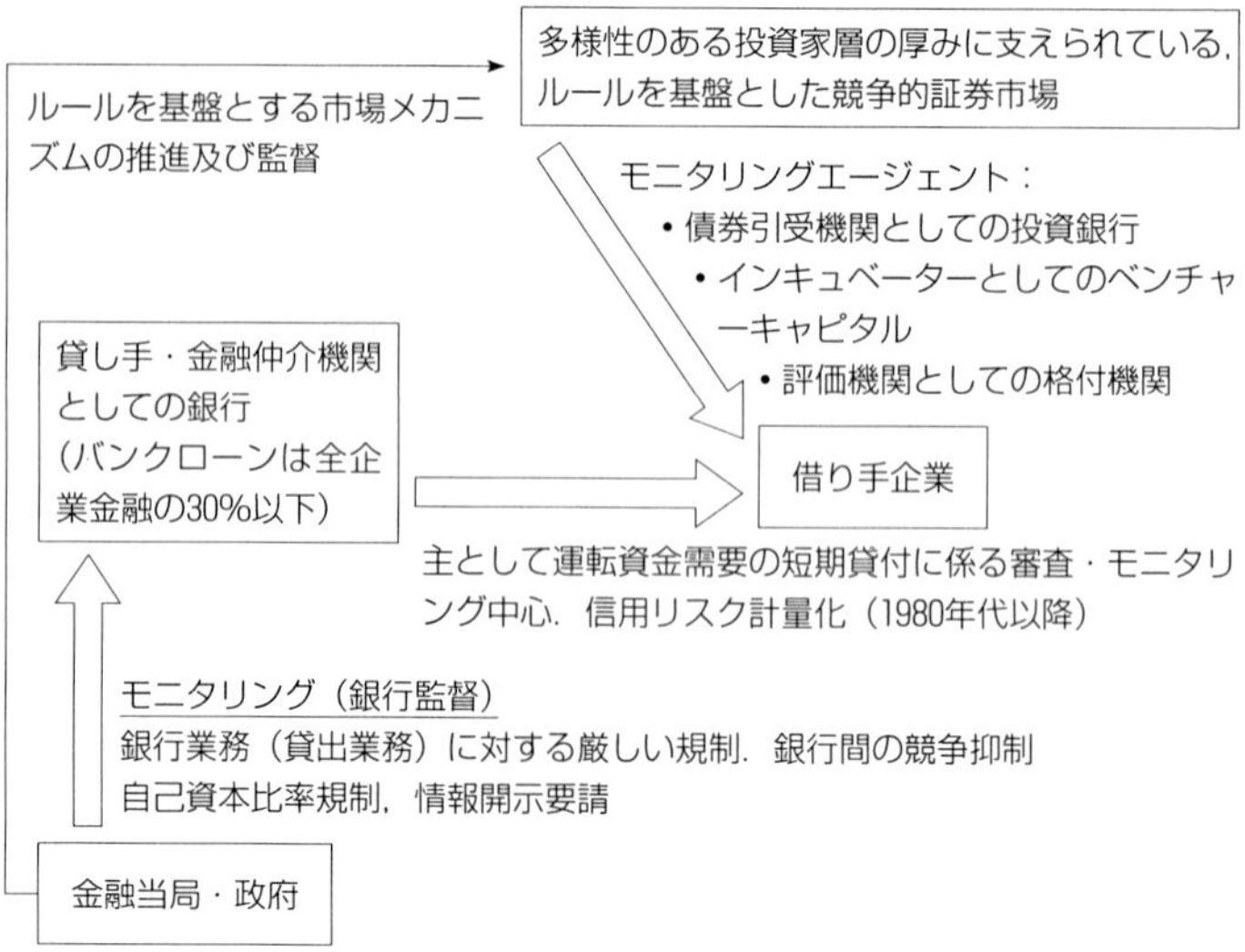

図４－１　米国金融構造

出典：筆者作成.

③信用リスク審査やモニタリング機能における金融仲介機関間の分業体制、および個々の専門性の向上。例えば、投資銀行は、アンダーライター（債券引き受け）、ベンチャーファンドマネージャーは、インキュベーターとして、外部格付会社は、継続及び事後評価を行うエージェントとして、それぞれが、米国型金融システムで役割を分担しています。尚、格付会社には会社の財務状況を継続的にモニタリングする機能に加え、その評価が次の資本市場からの資金調達力に影響を与えることから、証券市場を基盤とする金融システムにおいては、事前モニタリング機能を果たしている点も指摘されます。

米銀によって開発され、コード化された信用リスク管理手法は、ポートフォリオ上の貸付損失額の確率分布関数（Probability Density Function あるいはＰＤＦ）を推定し、貸付業務遂行を支えるのに必要な充分な自己資本を計算するものでした。この金額を算出・決定するプロセスは、市場リスク（変動リスク）をカバーする資本額を計算するのに使われるバリュー・アット・リスク *Value at Risk*（VaR）の手法と同じものであり、この金融技術は、米国において一九八〇年代後半に急速に進展しました。言いかえれば、米銀は、スワップやオプション等の市場性商品や金融派生商品（デリバティブ）の価格変動リスクを計算するために開発された金融技術や金融工学を、信用リスクの計量に応用しました。米銀においては、銀行は予想を超える貸倒損失額（予想額を超える実損額。標準偏差あるいは設定される貸倒損失額のリミット等を超えるとの意）を測定することにより、ポートフォリオにおけるリスクを判断すべきであるというアルゴリズム的なモニタリング手法が開発されたのでした。

留意すべきことは、一九八〇年代半ば以降、米国は、一般論として、金融規制緩和を国際的に唱導し、他国に働きかけてきた一方で、米国国内の銀行業務に関しては、その貸出業務及び競争については厳しい規制を緩めていない点です。米国におけるコーポレートファイナンス（企業による資金調達）において、銀行からの借り入れは、そのほとんどは短期運転資金需要による短期ローン契約であり、歴史的にみて、銀行からの借り入れは、企業による資金調達額の三〇％を超えない規模に過ぎません（Davis［1995: 37］参照）。銀行ローンのコーポレートファイナンスにおける役割は限定的であるにも係わらず、米国金融当局は銀行システムの安定をはかるために（銀行にリスクの高いローン資産を抱えさせないように）、自己資本比率規制や情報公開のルールを銀行に課す、保守的な政策を依然として維持しています。

対照的に、証券市場については、米国金融当局は、市場原理に基づく自由競争的枠組みを志向しています。ルールを基盤としつつ、保護的ではなく競争的な枠組みの中で、米国金融仲介機関は、既に述べたような、信用リスク審査及びモニタリング機能を分担しています。ここで、一つの問いが浮かび上がります。この米国の金融枠組みの中で、誰が最終的に信用リスクや不確実性を吸収しているのかという問いです。先に、米国型金融システムの特徴の二番目に挙げた、厚みもあり多様性も併せ持った投資家層―投資銀行やベンチャーファンドマネージャーが作成する目論見書を自ら評価し、自己責任の範囲で、資金供給者として信用リスクを取ることができる個人投資家層の存在に、その答えがあります。多様性に富んだ投資家層の厚みこそ、米国型金融システムを成り立たせている不可欠の基盤であると考えられます。米国の個人投資家（家計部門）が、いかに証券投資を選好しているかについては、**表4-1**からも窺えます。証券市場に向かった資金としてみなせる「債券・社債」「投資信託」「株式・出資」のシェアは、二〇〇〇年三月で五五・五％、二〇〇七年三月で五四・九％と、全体の金融資産の過半数を占めています。

ケインズは、一応は客観的と見えるという意味での、統計的・確率論的合理的計算と、計量化が意

表4－1　米国家計部門における金融資産動向

金融資産の種類	2000年3月	2007年3月
現預金	4.4(13.2%)	7.3(14.7%)
債券・社債	2.9(8.7%)	4.8(9.7%)
投資信託	2.7(8.1%)	4.9(9.8%)
株式・出資	12.8(38.7%)	17.6(35.4%)
保険・年金積立金	10.0(30.1%)	14.4(29.0%)
その他	0.4(1.1%)	0.7(1.4%)
合計（兆USドル）	33.2(100.0%)	49.8(100.0%)

出典：BOJ［2000］ほかより作成.

味をなさない不確実性を伴う投資とを結びつける誘因として「アニマル・スピリット」（血気）に言及しています。過去の事例のない新規事業開発や新規技術研究は、不確実性が高いわけですが、理屈としては、もしすべての投資家が、統計的リスク指標がなければ投資をしないとするならば、そうした新規事業は資金がつかず、まったく育たないことになります。「アニマル・スピリット」をもった投資家がいるからこそ、不確実性が分散・吸収され、新規事業が進められ、その中には将来大きく育つものがでてくるわけです。

再度、米国金融構造の特徴を整理すると次のようになります。

①銀行システムの安定化をはかる上で、銀行には過度の信用リスクを抱えさせないようにする。具体的には、銀行には、一年以内の短期貸付（短期運転資金需要）業務に専念させ、そのリスク審査には、統計上有意性のある（既にふれたとおり、一年後のEDFは有意性が米国では認め

られる）格付会社が提供するＥＤＦを使わせ、リスクの計量化を求める。銀行は、リスクウェイトを掛けた上で、必要な流動性とともに、資本バッファーを用意する（自己資本比率規制）。

②不確実性が伴う長期設備投資・新規事業開発資金については、自由競争的証券市場を介して、広く個人投資家にリスク・不確実性を分散・吸収させる。

様々なタイプのアニマル・スピリットを持つ多様性のある投資家層の厚みがあればこそ、成長あるいは変化していく経済における、多種多様な経済活動がファイナンスされるわけです。この投資家層が全体として、多種多様なリスクや不確実性を吸収するキャパシティがある限り、こうした投資家層が基盤となっている金融市場は、経済のダイナミズムを支えます。こうした金融構造を持つ米国は、比類なき強さを持っていると言えます。

反面、このことは、米国型金融システムが必ずしも普遍性を持っているとは言えないことを意味します。なぜなら、このシステムの不可欠な基盤である、厚く多様性のある投資家層をもっていない国もあるからです。

表4-2が示すとおり、日本の家計部門は、銀行あるいは郵便貯金への預金選好が高いことが窺えます（二〇一一年六月のデータでも、現預金のシェアは五五・六％となっています）。言いかえれば、日本の家計部門は、元本保証の預金運用を好む「リスク回避型」であり、証券市場に回るリスク資金が少な

表4-2　日本家計部門における金融資産動向

金融資産の種類	2000年3月	2007年3月
現預金	748(53.8%)	775(52.9%)
債券・社債	57(4.1%)	36(2.5%)
投資信託	35(2.5%)	63(4.3%)
株式・出資	117(8.4%)	128(8.7%)
保険・年金積立金	384(27.6%)	403(27.5%)
その他	49(3.5%)	59(4.1%)
合計（兆円）	1,390(100.0%)	1,465(100.0%)

出典：BOJ［2000］ほかより作成.

いことが特徴として挙げられます。このことは、不確実性を広く社会で分散・吸収させることが構造的に難しいことを意味します。日本は、依然として、銀行が金融仲介機能を果たすことが期待される間接金融中心型のため、銀行としては、中長期貸付審査を支えるＥＤＦに頼れないため、中長期資金貸付には慎重にならざるをえないか（貸し渋り）、あるいは、不確実性を分散できないまま、中長期資金供給に応ずるかというジレンマに陥ることになります。現実に、中小企業向けの貸出は、一九九八年一二月に三四五兆円の残高がありましたが、二〇〇九年一二月には二五三兆円に減少しています［Suzuki 2011: 5］。長期に亘る「貸し渋り」の状況が、日本経済の再活性化を阻害しています。すなわち、不確実性を広く分散できる投資家層の厚みがないところで、米国型金融構造へ転換することは、極めて危険な方向であったわけです。

一方、米国においても、金融市場の暴走を吸収できない事態―二〇〇七―二〇〇八年サブプライムローン危機―が生じたのも記憶に新しいところです。リスク計量化の技術が進むに従い、金融派生商品市場や為替市場、住宅ローン担保証券・債務担保証券市場、クレジット・デフォルト・スワップ（CDS）市場が急拡大し、一般の投資家にはとても計測できない「リスク分散モデル」によって、金融市場はまさに賭博場と化したわけです。国際決済銀行によれば、金融派生契約の残高は、二〇〇七年六月の時点で、店頭契約だけで五一六兆ドルにのぼり、これは、二〇〇六年の世界GNPが購買力平価計算で六六兆ドルとされることに対し、その約八倍にも達しているといいます［ドーア 二〇一一：一四―一五］。為替売買は、二〇〇七年四月の調査で、毎日の為替売買の総額は三・二兆ドルに達し、その時点で、毎日の国際貿易の総額は三二〇億ドル、すなわち、実需の一〇〇倍の為替売買がなされています［同書 一五］。債務担保証券（CDO）の発行残高は、二〇〇六年末で、約二兆ドルと推計され、CDSの引き受け債務残高の二〇〇七年末時点で、六二兆ドルに達したといいます［同書 二二］。

社会経済学者および日本学者のロナルド・ドーアは、その著作である「日本型資本主義と市場主義の衝突」「金融が乗っ取る世界経済」で、「経済の金融化」傾向に警告を鳴らしています。具体的に次の四つの現象を挙げています。

①先進工業国・脱工業国の総所得において、金融業に携わっている人たちの取り分が大きくなる傾向にあること（その原因は次の三つと考えられる）。

②金融派生商品（デリバティブ）など新技術の導入によって、貯蓄する主体（家計・企業）と、実体経済において、資本を使い、モノやサービスを生産する主体との間で、金融業者の仲介活動が、ますます複雑、怪奇、投機的になっていくこと。

③財産権を人権の中で最も重要とみなす結果、それまで一般的に認められていた、ステークホルダー（利害関係者）に対する企業経営者の社会的責任が、ますます「株主」という対象にのみ絞られるよう、コーポレート・ガバナンスの法的制度や経営者の意識・目標が徐々に変わっていること。

④グローバル化の一環として、各国の政府にとって「国際的競争力強化策」が政策の優先順位の中でますます上昇している。強化する方法として、「貯蓄から投資へ」などのスローガンの下、国民に対する「証券文化」の奨励にますます重点が置かれるようになっていること［ドーア 二〇一一：九］。

投機（Speculation）が、経済を席巻するようになる危険性を指摘したのは、ケインズでした。「投機という言葉を、市場心理を予測する活動に、企業という言葉を資産の全耐用期間にわたる期待収益を予測する活動に当てているとしたら、投機がいつも企業より優勢だというのは全く事実に反している。しかし、資本市場の組織化が進むにつれて、投機が優勢となる危険性が高まっている。世界最大の資本市場の一つ、ニューヨークでは、投機の（前述した意味での）影響力は絶大である。アメリカ人は、金融以外の領分においても、平均的意見が平均的意見だと考えているものを発見することに常軌を逸した関心を示しがちだが、因果なことに、国民性のこの弱点は株式市場に表れている。……投機家は企業活動の堅実な流れに浮かぶ泡沫としてならば、あるいは無害かもしれない。しかし企業活動が投機の渦巻きに翻弄される泡沫になってしまうと、事は重大な局面を迎える。一国の資本の発展が賭博場での賭け事の副産物になってしまったら、なにもかも始末に負えなくなってしまうだろう」［Keynes 1936: 邦訳 二一九―二二〇］。

3 代替金融仲介様式への模索

金融制度分析は主として、①貸し手（銀行）の信用リスク審査における不確実性（倒産確率評価の難しさ）と、②銀行と銀行監督機関との間（および、預金者と銀行との間、銀行株主と銀行経営者との間、銀行と借り手企業との間）の、（複合的な）情報の非対称性、から生ずる非効率なインセンティブ構造を分析し、金融市場安定化と、より効率的な金融仲介とをはかる制度的枠組みの創設と変更に向けられます。金融仲介システムには、大別すると、日本やアジア諸国でみられる銀行中心型と、米国でみられる証券市場中心型があり、両者の比較は、Aoki［1994］、Davis［2000］、Dore［2000］、Stiglitz［1994］、

Stiglitz and Greenwald［2003］、Suzuki［2011］をはじめ、多くの分析があります。

ノーベル経済学賞を受賞したスティグリッツが指摘するとおり、金融仲介システムの構造は、主要資本主義国においても様々で、それぞれが特徴を持っています。この特徴の違いは極めて重要です。なぜなら、それぞれの国の制度は、特有の文化や経済環境にどのように適合してきたのかを反映しているからです。健全な審査モニタリングを促し、より効率的に金融資本を配分するために、リスクおよび不確実性を社会化・分散化するための制度には、各国固有の文化や環境により、様々な形態がみられるわけです。

日本は、長期金融停滞に陥っています。前節でも述べたとおり、日本は、高まる不確実性を、社会で広く分散・吸収する構造を持っていません。そうした構造を持たないまま、米国型の金融構造に転換しようとしたことは、問題をさらに悪化させました。米国が、時間をかけて構築してきたリスクに対する考え方・多様なアニマル・スピリットを持つ投資家層の厚みは、そう簡単には模倣することはできないと思います。また、米国における金融市場の暴走―金融市場がまさに賭博場と化す実態をみるにつけ、米国型への盲従が、日本にとって望ましい方向とは思えません。第2章で議論したとおり、「市場原理」にただすがっていては、金融市場の暴走は防ぐことはできないのです。日本は、米国型ではない代替の金融仲介様式を模索すべきです。そのために、様々な金融仲介様式がもつ制度的特徴を、比較分析することには意義があると思われるのです。

ここでは、イスラム金融仲介様式について考えてみたいと思います。米国ワシントンに本部を置く非営利機関Pew Research Center's Forum on Religion & Public Lifeによる推計によれば、二〇〇九年における世界のイスラム教徒（ムスリム）の人口は一五・七億人で、これは世界人口の二二・九％にあたります。ムスリム人口は今後も増加していくことが予想されています。すなわち、イスラム金融仲介様式の持つ行動規範を尊重する人が増えていくことを意味します。イスラム金融では、**利益とリスクとを分け合うこと、透明性のある契約、売買取引、正義と公正に基づく活動が奨励されます。**資金提供者のリスクシェアリング許容範囲内で、しかも、リスクの所在があいまいだったり、契約内容があいまいな取引は禁止されるという規範体系のなかで、遂行されるべき事業・投資が選ばれていくというのは、非常に興味深いものがあります。

イスラム金融仲介様式

イスラム金融は、シャリア（*Shari'ah*：法）に基づく金融仲介様式を指します。シャリアは、イスラムの聖典であるクルアーンとスンナ（預言者の生活慣行や規範）を中心とした法源から導かれるイスラムの教義・思想を指します［イスラム金融検討会 二〇〇八］。シャリアでは、利益とリスクとを分け合うこと、透明性のある契約、売買取引、正義と公正に基づく活動が奨励されます。その結果、一定の商取引活動が禁じられます。すなわち、①リバー（*Riba*）の禁止：貸し出した金額以上の受け払いは、

図4－2　イスラム金融仲介様式

出典：筆者作成.

リスク負担をせずに資産を増やす不当な利得、つまり、搾取や不公正な行為とみなされて禁止されています。リバーは、従来型（コンベンショナル）金融における「利息」に相当します。②ガラール（*Gharar*）の禁止：予測不可能な事態が見込まれる取引や、あいまいさ、または偽装といった要素が認められる取引は、詐欺的な行為とみなされ、禁止されます。③マイシール（*Maisir*）の禁止：賭博、宝くじ、カジノといった投機的な行為は禁止されます。④非倫理的取引の禁止：アルコール、武器、麻薬、売春、ポルノ関連といった特定の製品や活動に関する取引は、イスラムの教義に照らして非倫理的取引とみなされ、禁止されます［イスラム金融検討会二〇〇八：二五―二六］。

イスラム金融は、基本的に、担保資産に裏付けられた、契約ベースの金融であり、シャリア遵守（*Shari'ah*-compliant）、利息（リバー）の受け払いを禁止する金融ルール（*Riba*-free financing）を守ろうとするムスリムのためのものでありますが、他の信仰を有する顧客も利用できます［Bhambra 2007: 200］。イスラム金融は、預金者、金融機関および資金の借り手である企業の間において、損益（利益および損失）シェアリングの、神聖なる契約関係に入ることを、基本原則としています（図4-2参照）。借りたお金を返さないような、オポチュニスティック（opportunistic）な行動は、（少なくとも道義的にも）許されません。イスラム法においては、借りたお金を返済することは、「審判の日」において厳格に問われる責任であるといいます［Ayub 2007: 4］。利息をとることを禁じられていることの含意は、リスクシェアリングをしないのに、得るものがあってはならないということです。収益を得たいのであれば、投資により損失が出た場合には、その損失を被る責任を引き受けるべきであり、「リスクなければ、ゲインなし（No risk, no gain）」は、シャリアの基本的法原則であり、正義（衡平）に対する規範的ルールであるとされます［Ayub 2007: 9］。

資金提供者のリスクシェアリング許容範囲内で、しかも、ガラールの禁止に見られるように、リスクの所在があいまいな、あるいは契約内容があいまいな取引は禁止されるという規範体系のなかで、遂行されるべき事業・投資が選ばれていくというのは、非常に興味深いものがあります。イスラム金融規範においては、リスクをヘッジする金融派生商品への投資についても消極的であり（リスクがなくなるのであれば、ゲインも期待してはならないため。このことは、別途、リスク管理の面では問題も指摘されています）、先にふれた、米国サブプライムローン危機を引き起こした、ＣＤＯ（債務担保証券）のように、証券契約条件が極端に複雑で、そのリスク計算も、一般投資家にはとても計測できない、いたって難しいものへの投資は、ガラールとして禁止されるものと思われます。

実際に、イスラム金融機関は、どのような資金運用をしているのでしょうか。表４-３は、インドネシアのイスラム銀行における資産運用ポートフォリオの推移を示したものです。ムラバハ（*Mura-*

表4-3　インドネシア・イスラム銀行資産運用ポートフォリオ推移

単位：10億インドネシアルピア（%）

	2000	2002	2004	2006	2008	Sep. 2009
ムシャラカ *Musharaka*	31.7 (2.5)	60.1 (1.8)	1,270.8 (11.1)	2,334.7 (11.4)	7,410.8 (19.4)	10,007.4 (22.5)
ムダラバ *Mudharaba*	378.6 (29.8)	498.6 (15.2)	2,062.2 (17.9)	4,062.2 (19.9)	6,205.2 (16.2)	6,459.3 (14.5)
ムラバハ *Murabaha*	775.7 (61.0)	2,324.2 (70.9)	7,640.2 (66.5)	12,624.2 (61.7)	22,486.1 (58.9)	25,045.5 (56.3)
イスティスナ *Istishna'*(2)	74.5 (5.9)	220.7 (6.7)	312.9 (2.7)	336.9 (1.6)	368.7 (1.0)	414.9 (0.9)
その他	10.5 (0.8)	172.7 (5.3)	203.5 (1.8)	1,086.6 (5.3)	1,723.8 (4.5)	2,595.4 (5.8)
合　計	1,271.1 (100.0)	3,276.6 (100.0)	11,489.9 (100.0)	20,444.9 (100.0)	38,194.9 (100.0)	44,522.7 (100.0)

出典：Bank Indonesia [2009].

baha）のシェアが、資金運用全体のおよそ六割がたを占めているのがわかります。ムラバハは、機械や製品などの商品購入に広く用いられる、いわば割賦販売に類似したスキームです[3]。既に取り交わされた取引契約か、扱われる商品が担保となっていることから、比較的信用リスクの低い資金運用（投資）となっています。

これは、インドネシアのイスラム銀行が、その資金調達において「リスク回避志向」の預金（ムラバハから得られる収益を見込んだ、ほぼ固定的収益が約束されている条件の預金）の比率が高いことを受けて、比較的信用リスクの低い資金運用を選好していることを窺わせます。マレーシアにおいても、イスラム銀行の資産運用ポートフォリオにおいて、ムラバハおよびムラバハ関連スキーム（*Bai Bithaman Ajil*）のシェアは、マレーシア中央銀行によれば、二〇〇八年一二月時点で四八・二％、二〇一〇年一二月時点で四八・三％を占めていると報告されています。また、同様に、実物資産が担保となっているファイナンスリースｰイジャーラ（*Ijarah*）[4]およびイジャーラ変形スキーム（リース期間が終了したところで、当該資産の所有権・処分権がレッサーからレッシーに移転するもの。*Ijarah Thumma Al-Bai*）のシェアは、二〇〇八年一二月の時点で三三・一％、二〇一〇年一二月時点で二九・八％となっています。マレーシアのイスラム金融機関も、取り交わされた売買契約や資産が裏付けとなっている、比較的信用リスクの低い資金運用が選好されていることがわかります。

一方、インドネシアのイスラム金融機関では、ムシャラカ（*Musharaka*）のシェアが近年高まっていることが窺えます。ムシャラカは、ムダラバ（*Mudharaba*）と同様、事業への投資・配当という形をとります。ムダラバでは、資金の出し手（銀行などの出資者）が、ムダリブとよばれる事業者に対して、資金の運用を預けます。事業者は、その資金をシャリアに適合した事業やプロジェクトに投資します。当該事業が完成するか、当初定めた約定期間が過ぎると、事業者は、資金の出し手とあらかじめ定めた内容に従って収益を分配します。万一、事業が不成功に終わった場合には、資金の出し手は預けた金額の範囲内で損失を被ることになります。ムダラバでは、資金の出し手は事業投資から生み出された配当を受け取る権利を有しますが、事業自体の経営権は有していません。一方、ムシャラカの場合には、資金の出し手はその出資割合に応じて、事業への経営権を有します。ムシャラカは、従来型金万一損失が発生した場合には、出資比率に応じたリスク負担が発生します。ムシャラカは、従来型金融における合弁事業に類似したスキームといえます［イスラム金融検討会 二〇〇八：三四—三五］。一方、マレーシアのイスラム金融機関においては、ムシャラカの運用シェアは、二〇〇八年一二月時点で一・一%、二〇一〇年一二月時点でも二・五%と、低い水準に留まっています。

インドネシアのイスラム銀行が抱える不良債権比率は、従来型の商業銀行にくらべ、近年やや高めに推移しているのですが、サンプルデータが少ないため(5)、前記ムシャラカ運用比率の高まりの影響があるのかどうかは、はっきりしていません。いずれにせよ、資金提供者のリスクシェアリング許容範囲内で、基本的に、金融機関も同じ損益シェアリングを行うという金融仲介様式は、特に、経済・金融がある程度成熟し、金融レバレッジ商品に慣れてしまっている先進国にとって、示唆深いものがあります。逆に言えば、貿易・商業を中心とした経済には、イスラム金融は非常に適していますが（貿易・商業を中心とする経済だからこそ、ムラバハが中心をなす金融仲介様式が発展したとも言えます）、一方で、経済が工業化に向けて、大規模なインフラ整備や工場建設等の生産設備投資を必要とするときには、イスラム金融仲介様式では、十分な資金を融通しにくい構造があるように思われます。

このあたりにも、日本の「立ち位置」があるように思われます。日本が培ったインフラ整備のノウハウ、例えば、公共インフラの建設、維持管理、運営を、民間資金、経営能力、技術能力を活用するPFI（Private Finance Initiative）を、ムシャラカ・スキームにのせていくなど、イスラム諸国のインフラ整備資金供給に貢献できるように思われます。その一方で、イスラム金融仲介様式が持つ投資行動規範を、日本社会がもつ倫理観や道徳観に照らし合わせ、比較し、先進国の金融市場の暴走を抑える「ビジネス倫理」を調整する役割を、日本は担うべきではないでしょうか。

この節の最後に、イスラム金融仲介様式が持つ、投資行動規範を支える制裁・罰則メカニズムは、どういう性質のものなのかについて、ふれておきたいと思います。イスラム金融仲介様式にも、あらゆる金融仲介様式に見られるように、適切な投資インセンティブを創りだすのに効果的な情報共有システムがあり、制度が求めている適切かつ有効な資源配分を妨げないように、ルール遵守を促す制裁・罰則メカニズムがあるものと考えられます。

基本的に、イスラム金融の枠組みにおけるすべての商業・金融契約は、シャリア規範に則ったものでなければならないとされます。シャリアは、個別であれ集団であれ、人間の行為を規定する、個々の法および神から授かった命令からなる行動規範体系とされます［Ayub 2007: 21］。ここでは、投資インセンティブと、ルール遵守を促す制裁メカニズムを用意している制度的取りきめを、①資金提供者としての預金者、②金融仲介を行うイスラム金融機関、③借り手である企業、それぞれ毎に整理してみます（表4-4）。

①**預金者にとって**・資金を（従来型商業銀行ではなく）イスラム金融機関に預ける経済行動を支えるインセンティブとしては、下記が挙げられます。

表4－4　イスラム金融における各経済主体別，投資・審査インセンティブおよび制裁への脅威を与える制度的取りきめ

	投資への「インセンティブ」を与える制度的取りきめ	オポチュニスティックな行動を抑制する「制裁」への脅威を与える制度的取りきめ
①預金者：資金を（従来型商業銀行ではなく）イスラム金融機関に預ける経済行動	a）シャリア法遵守の投資への選好 b）損益シェアリング（Profit-Loss Sharing: PLS）に基づく利益追求 c）期待利益をもたらすイスラム金融機関の資金運用能力への信頼 d）（固定金利ではないものの）事実上固定運用益を得る機会 e）預金保険	f）イスラムシャリア法が唱える倫理
②イスラム金融機関：金融仲介の役割を担い，信用リスクを取る経済行動	a）ビジネス機会（利益追求）	b）イスラムシャリア法の倫理 c）損失の責任を分担する損益シェアリング（PLS）契約 d）資金調達におけるリスク回避選好預金の割合
③借り手：イスラム金融機関から資金調達を行う経済行動	a）イスラム金融機関との投資リスクシェアリング	b）イスラムシャリア法の倫理 c）イスラム金融機関によるパートナーあるいは株主としての立場からの監視

出典：筆者作成.

（a）シャリア法遵守の投資への選好（自分の投資（預金）が、シャリア法に則っていることを選好するとともに、自分が提供した資金が、シャリア法に則って運用されることを望む）
（b）損益シェアリング（Profit-Loss Sharing：PLS）に基づく利益追求（預金者は、イスラム金融機関との間で、どのように純損益を配分するかの計算について、予め合意できる）
（c）期待利益をもたらすイスラム金融機関の資金運用能力への信頼（イスラム金融機関は、伝統的商業銀行が支払う預金金利よりも、多くの利益をもたらす履歴を示している）
（d）（固定金利ではないものの）事実上固定運用益を得る機会（ムラバハやリースへの、比較的信用リスクの低い投資に使われるファンド（預金）に対しては、事実上固定運用益が約束されているものがある。なお、この事実上の固定運用益のオファーについては、シャリア遵守の観点から議論の余地があるという［Ayub 2007：188］）
（e）預金保険（イスラム銀行では、付利されない普通預金も扱っており、こうした普通預金は元本保証される。問題は、投資型預金が保証の対象となるかであり、金融当局によっては、金融市場の安定性維持の観点から、預金保険制度を投資型預金にも適用している（インドネシア）。しかし、シャリアの「リスクなければゲインなし」の基本原則に照らし、議論の余地があるという［Visser 2009：128］）

一方、預金者が、損益リスクシェアリング契約を履行しないような、オポチュニスティックな行動を抑制させる「脅威」を与えるメカニズムとしては、（f）イスラムシャリアが唱える倫理（究極的には「審判の日」に裁かれるという、基本的には、自ら規制するという意味での「インフォーマル」な罰則メカニズム）が挙げられます。

②イスラム金融機関にとって：金融仲介の役割を担い、信用リスクを取る経済行動を支えるインセンティブとしては、（a）ビジネス機会（すなわち、利益追求）が挙げられます。一方、慎重な信用リスク審査を行わせ、モラルハザードを起させない制度的メカニズムとしては、以下が挙げられます。

（b）イスラムシャリア法の倫理（イスラムシャリアを遵守していない資金運用をしていることが、仮に発覚した場合、顧客からの信頼を著しく失うことになる［Bhamba 2007：204-205］）

（c）損失の責任を分担する損益シェアリング（ＰＬＳ）契約（特に、ムシャラカやムダラバスキームによる投資の場合、損失分担責任があるため、慎重な信用リスク審査が求められる）

（d）資金調達におけるリスク回避選好預金の割合（既にふれたとおり、リスク回避型預金のシェアが高ければ、ムラバハ等の比較的リスクの低い資金運用が志向される。El-Gamal［2006］は、イスラム銀行に預ける預金者は、もし従来型商業銀行に比べて損失を被った場合、イスラム銀行の預金を引き揚げるリスク（Displaced commercial risk）を指摘する。そのリスクを避けるため、イスラム金融機関はリスクの低い運用を志向するとしている。Toumi and Viviani［2011］は、商業上あるいは監督上のプレッシャーから、大量の預金引き出しのリスクを避けるために、投資勘定で生ずる損失を、ある程度イスラム銀行が吸収する傾向（そのため、損失が生じないリスクの低い運用を選好する傾向）を指摘している）

③借り手にとって：イスラム金融機関から資金調達を行う経済行動を促すインセンティブとしては、（a）イスラム金融機関との投資リスク分担（損益シェアリングに基づき、出資の形態による事業参加を行なうムシャラカやムダラバ・スキームや、商品や資産の購入に対し、固定運用益をベースに資金供給を行うムラバハやイスティスナ、リース等［Ayub 2007: 187］）が挙げられます。一方、借り手が、ファイナンスされたプロジェクトに対し、生産的な努力を怠らないようにするメカニズムとしては、（b）イスラムシャリア法の倫理と、（c）イスラム金融機関による、パートナーあるいは株主としての立場からの監視（イスラム金融の主たるファイナンスは、貸付ではなく投資（出資）のため、パートナーあるいは株主として経営に参加する［Ayub 2007: 187］）が挙げられます。

このように整理してみますと、イスラム金融仲介様式を支えるルール遵守を促す制裁メカニズムとしては、イスラムシャリア法が唱える倫理によるところが大きいことが窺えます。Ayub［2007］はWaqar Masood の次のような見解を紹介しています。「完全なるイスラムシステムにおいては、審査モニタリングコストはほとんど無視できるものとなり、出資による参加は、金利ベースの貸付システムより優れたものになりうる。契約条項を正直に忠実に履行することは、イスラム的行為で欠かすことのできない要素である。真のイスラム社会を動かす力は、イスラム社会およびそのメンバーの成功が、いかに、きちんとシャリア法のルールを遵守しているかによって決まっているという、強い思想的コンセンサスにある」［Ayub 2007：197］。この見解は吟味が必要ですが、審査モニタリングコスト（トランザクション・コスト）と信頼との関係については次節でふれます。

シャリア法体系および規制に基づき、シャリア法学者によって構成されるシャリア・ボード（*Shari'ah* Supervisory Board, SSB）と呼ばれる諮問委員会が、イスラム金融機関において設置され、ファトワと呼ばれる法律意見書が提示されることが求められます［Bhamba 2007］。少なくとも、シャリア遵守のための一定のトランザクション・コストは費やされていることが窺えます。シャリア・ボードの役割としては、①イスラム金融を行う銀行経営者に対して、資金使途やストラクチャーが、シャリアに照らして問題がないかどうかのガイダンスを与えること、②金融商品のストラクチャー、契約形態、取引手続に関し承認を与えること、③シャリアに反することがないという信用を与えること、④イスラム金融機関へのシャリア上の信頼性を確保すること、が挙げられます［イスラム金融検討会 二〇〇八］。

シャリア・ボードは、あくまで、シャリア上の適格性判断が期待され、与信判断や取引上のリスク判断を行うものではなく、銀行経営そのものに直接の影響を及ぼすものではなく、執行の機能も持っていません［同書 二一六］。なお、シャリア・ボードは、ＡＡＯＩＦＩ（Accounting and Auditing Organization for Islamic Financial Institutions、イスラム金融機関会計・監査機構）から提出されている実務上の指針・通達等に適合しているか否かを重要視していると言われます［Bhamba 2007: 205］。ＡＡＯＩＦＩはイスラム金融に関する会計・監査・ガバナンス・倫理等の基準、シャリアの標準解釈の提供を目的に設立された機構であり、会員数は、中央銀行、イスラム金融機関、会計事務所等オブザーバー会員を含め四〇カ国一五五機関となっています［イスラム金融検討会 二〇〇八］。このようなシャリア遵守に向けた制度的枠組みが、イスラム金融実務上、どれだけ審査モニタリングコストを下げることに貢献しているかについては、更なる調査が必要と思われますが、投資を行う際に、倫理規範に則っているかどうかをチェックする制度的取りきめには注目すべきです。

4　信　頼

政治学、政治経済学および社会学分野の学術関係者に広く読まれている「Trust：The Social Virtues and the Creation of Prosperity」を書いた政治学者フランシス・フクヤマ（Francis Fukuyama）や、日本研究を専門とする社会経済学者ロナルド・ドーア（Ronald Dore）は、日本の社会は「高信頼」の「集団志向型」であると評しています（なお、ドーアは、米国を個人主義の国として一方の極、日本を集団志向型の国として一方の極として捉えていますが、フクヤマは、両国を高信頼の集団志向型の国として捉えている点に違いはあります）。

「もし一つの企業の中で、一緒に働かなければならない人たちが、一人残らず、共通の倫理規範に従って仕事をしているために、互いに信頼し合えるとすれば、ビジネスは安上がりとなる。また、高度の信頼があれば、社会関係の多様化が可能になるので、このような社会は、組織の革新を行なう能力も高い。こうして、高度に社会的だったアメリカ人は、一九世紀の終わりから二〇世紀のはじめにかけて、ちょうど日本人が、二〇世紀にネットワーク組織の可能性を探求したのと同じように、現代の巨大企業が発展する道を切り開いた。反対に、人々の間に相互信頼がない場合には、結局、形式的な規則と規制のシステムのもとでのみ、共同することになる。このような規則と規制には、交渉、合意、訴訟がつきもので、ときには高圧的な手段による強制が必要である。信頼の代用品として役立つこのような法的装置は、経済学者が『トランザクション・コスト』と呼んでいるものを伴う。言いかえれば、社会の中に不信が広がれば、あらゆる形態の経済活動に一種の税が、すなわち、高信頼社会では支払う必要のない重い負担がかかるのである」（Fukuyama［1995: 27; 邦訳 六六］を参照）。

トランザクション・コスト（取引費用）は、「物理（学）における【摩擦】を経済に置き換えたもの」[Williamson 1985]、あるいは「経済システムを動かす為の費用」[Arrow 1974] と表現され、以下の費用が含まれるとされます。

①取引前費用
a　ふさわしい取引相手の探索
b　値段交渉、契約交渉
c　ドラフティング、契約作成等

②取引後費用
a　（契約内容が守られているかの）モニタリング、監視
b　（相手側による契約不履行の際の）契約条項の発動
c　（契約違反の場合の）クレーム、訴訟等

一般的に、トランザクション・コストは、いわば、負の労力（エネルギー）であり、単に人件費としてのコストだけではなく、その労力・手間暇を他で使ったらどれほど有効であったたか、すなわち「機会損失」として把握されます。機会損失を数量化することが難しいように、トランザクション・コスト自体を数量化することは極めて難しいことにはなります。(6)

「信頼」には、トランザクション・コストを抑える機能があると考えられます。トランザクション・コストを、物理における「摩擦」を経済に置き換えたものとするのであれば、信頼は、必ずしもいつもではありませんが、かなりの頻度で、経済システムをスムーズに動かす「潤滑油」の役割を果たしていると考えられます。Williamson が唱える「オポチュニズム」は、「相互信頼」によって減少できるはずです。すなわち、相互信頼のある組織・社会では、トランザクション・コストを抑えることが可能と考えられます。

「今や信頼には、非常に重要で実用的な価値がある。信頼は、社会機構の重要な潤滑剤だ。それはきわめて効果的であり、他人の言葉をある程度信じるときに、多くのトラブルを防ぐことができる。残念ながら、これは簡単に買うことができる商品ではない。買わなければならないものだとしたら、それを買った時点で、既にある種の疑念を抱いていることになる。信頼、あるいは同じような価値を持つ忠誠心や正直さは、経済学者が『外部性』と呼ぶものの一例である。それは品物であり、商品であり、真に実用的な経済価値を持っている。システムの効率を高め、商品をより多く、あるいは高く評価されるどんな価値でも、より多く生産するのに役立つ。しかし、それは、オープン市場での取引によって、技術的に得られるようなものではない」（Fukuyama［1995: 151–152; 邦訳 二三九］を参考に一部修正）

信頼については、様々に語られています。「各々が、他者も公正に振る舞い、他者の利益や効用も考慮にいれるように、進んで他者を受け入れようとすることを示す態度や行動」、「義（solidarity）」「将来に亘る調和的かつ肯定的な協力への思い」［Cohen and Knetsch 1992］などです。フクヤマは、第1章第3節でもふれた社会学者ジェームス・コールマンの言う「社会資本」、すなわち、集団や組織の中で、共通の目的のために一緒に働く能力に言及しつつ、「この協調能力は、コミュニティが価値と規範を、どの程度まで共有しているかによって、また個人の利益を、どの程度まで集団の利益に従属させることができるかによって決まる。こうした価値の共有から、信頼は生じてくる」と述べています［Fukuyama 1995: 10］。フクヤマや、ケネス・アロー（Kenneth Arrow）による貴重な洞察の一つは、信頼が、重要な経済的価値を持ち、重要な影響を経済組織に及ぼすことを指摘したことにあります。「倫理的要素は、ある意味、あらゆる契約にあり、それがなければ市場は全く機能しない。また、あらゆる取引には信頼の要素がある。典型例としては、価値あるものの交換取引で、相手より先に渡すことである」［Arrow 1974: 23-24］。

アローは、契約やモニタリング様式の効率性（トランザクション・コストをどのように抑えることができるかどうか）が、国や社会によって違いがでるのは、文化、具体的には、相互「信頼」の程度の違いによると、主張しています。文化的要因は、信頼関係醸成と深い関係があると思われますが、ある特定の文化や社会組織においても、信頼の程度は、かなり揺らぎのあるものと考えるべきとは思います

（人は、日々の生活や仕事の中で、信頼というものを忘れたり、また思い出したりするものです）。フクヤマの「信頼」に対する研究が有名になったこともあり、北米の学会においては、日本の経済システムにおける「信頼」関係の分析に関心を寄せる政治経済学者は多いようです。反面、日本人自身は、信頼に頼っている（頼りすぎている）ことが、むしろ問題であると考える傾向が従来から強いと言われています［Dore 2000：81］。

文化的要因だけを強調すべきではありませんが、従来、日本型と言われる「関係重視型」の経済システムには、「相互信頼」という要素が、トランザクション・コストを抑える重要な「潤滑油」の役割を果たしてきたものと考えられます。その信頼関係の醸成には、文化的要因が少なからず、反映していると思われます。日本の伝統的金融仲介様式には、無形あるいはインフォーマルな制度的枠組みが見られました。特に、①「メインバンク」システムと呼ばれる、メインバンク（銀行）が、借り手企業の事業遂行に、準インサイダーとして深く関与している濃厚な関係、および②「護送船団」方式と呼ばれる、金融当局と規制を受ける銀行との間に見られた密度の高い情報ネットワークは、貸し手の不確実性の揺れを安定化させ、金融資源の効果的な配分を通じて、日本の高度経済成長をもたらしたと考えられています。ある意味、「日本株式会社」とも呼ばれる集団志向型の金融仲介様式においては、メインバンクが、企業の信用リスク及び不確実性を吸収するバッファーの役割を果たしており、そうした役割を、企業および金融当局を含むスクラム全体で支えるシステムとなっていました。

問題は、メインバンクのリスク及び不確実性吸収キャパシティを超える不確実性に、システム全体が晒されたときに、この「集団志向型」システムの脆弱性が顕在化したことにあります。

変数は基本的に数量化することはできないものの、制度内の信頼関係の度合いや変化によって、「関係重視型」の経済システムのパフォーマンスは変わってくると考えられます。Williamson の見解からすると、相互信頼によって成り立っている協力的行動規範がメンバーに行き渡っている、日本型のような経済組織ほど、「オポチュニズム」に侵されやすい制度的特徴を持っていると言われます。「そうした組織は、相互信頼の資質を持っていないものに侵略され、搾取されやすい」[Williamson 1985: 64-65]。オポチュニズムは、悪意をもった自己利益追求であり、一般的に、オポチュニズムは巧妙な騙しを含み、不完全で歪められた情報公開、特に、相手をミスリードし、情報を歪め、事実を隠匿し、意図的にわかりづらくしたり、あるいは迷わせたりする計算された意図と定義されます[Williamson 1985: 47]。

理論的には、事後に、オポチュニズムが台頭することがあり得る取引は、事前に、適切な保護が用意されることにより抑えられます。言いかえれば、適切な保護が事前に用意されない場合、オポチュニズムが台頭し、経済取引における行動の不確実性を高め、問題を引き起こす原因となります。日系企業を取り巻く経済環境変化、および高まる不確実性は、経済活動における伝統的な信頼関係の基盤を次第に揺るがしたと考えられます。制度が、相互信頼を基盤としていた分、そのデファクトシステムが、別途トランザクション・コストを抑え、オポチュニズムの台頭を抑える新しいルールが整わないうちに崩壊してしまうと、信頼が失われた中で顕在化する問題は、より複雑なものとなってしまうのです。しかし、第2章でも議論しましたが、「限定合理性」と「不確実性」の中で、われわれは、あらゆることを事前に想定し、フォーマルなルール―法制度―を整えておくことには限界があります。それこそ、トランザクション・コストが甚大に掛かってしまうことになりますし、また、「法にふれなければ何をしても構わない」という悪しき風潮をも生む場合もあります。不確実性が高まると、相互信頼だけを基盤とする経済様式では、想定を超えるリスクや不確実性の吸収が、誰かに集中することが防げず、脆弱さを露呈しますが、一方で、その過程で相互信頼や倫理規範が後退してしまうと、限界合理性や不確実性の下では、フォーマルなルールだけではオポチュニズムを抑えることができず、結果として、市場の暴走を招くことになるのです。

制度は、フォーマルな制度とインフォーマルな制度とに分類されます。前者は、第三者によって規制・執行されるものを指し、例えば、法律、政府、地方自治体や、加えて、就業規則等社内ルールを定め、個々の経済行動が制約されるという観点から、企業もフォーマルな制度の一つとして考えられています。後者は、例えば、慣習や文化、宗教など、第三者による規制ではなく、自ら律していく点に、その違いがあります。先にふれた信頼を醸成する「社会資本」や自発的社会性のありなしは、主に後者と関係があります。

新制度派経済学者のダグラス・ノース（Douglas North）は、社会のスタビライザーの機能を果たしている（変化しずらい）インフォーマルな制約と、新しいフォーマル制度との間に様々な不一致が生じることにより、緊張が生まれる可能性についてふれています。

「そのような変化は、特に部分均衡の枠組みにおいては時としてあり得るが、そうした変化は、多くのインフォーマルな制約に内在し、引き継がれている深い文化を無視していると言える。フォーマルなルールが大枠で変更されたとしても、同時に多くのインフォーマルな制約がより強く顕在化することがあり得る。なぜなら、インフォーマルな制度は、社会的、政治的あるいは経済的活動において、個々の参加者間の基本的なやり取りを司っているからである。但し、時間の経過とともに、あらゆる制約が再構築される傾向も見られ、革命的な変化ではないものの、新しい均衡を生み出していくのである」（意訳：North［1990：91］）。

一般的に、慣習や規範のような、社会の基盤を構成するインフォーマルな制度は、社会全体の予測の揺れを安定化させ、社会生活を形作るものです。「なぜならば、インフォーマル制度は（他から強制されるのではなく）自らその制約を受け入れるものであり、これらのルールの有効性は、社会の構成員がどれほど自分の利益との整合性をとれるかにかかっている」［Knight 1992：171］。

フォーマル制度の変更の多くは、限定合理性、あるいは手続的合理性の制約の中で追求されていることを認識すべきです。ある制度変更において、重要なスタビライザーとなっているインフォーマルな制約が、実は、損なわれたり、押えつけられたりしているかもしれません。インフォーマル制度が持つ重要なスタビライザー機能が弱まりあるいは失われるとき、出現する新しい（フォーマル）制度やシステムは、より問題の多いものになりうるのです。

市場取引における倫理を、フォーマル制度・ルールによって規制することは、われわれの限定合理性および不確実性の中ではトランザクション・コストの掛かることであり、限界があります。従って、市場取引における倫理観の維持には、インフォーマルな制約・制度に依るところが大きいと思います。一方で、インフォーマル制度は、自発的に遵守され執行されるため、仮にオポチュニスティックなメンバーに対しては、規制が難しく、そうしたオポチュニスティックな行動に侵害されやすい面は否定できません。規制すべき取引内容・手続が既にはっきりしているものについては、フォーマル制度によって規制することになりますが、その規制には常に限界が伴います。オポチュニスティックな行動に弱いという構造的問題はありながら、最終的には、われわれは、市場取引における倫理観の維持については、インフォーマルな統制・制約に依るしかないものと思われます。相互信頼、相互監視に基づき、非倫理的あるいはリスクの所在があまりにも複雑で、一般投資家にとってはわからないような投機的取引については、自粛し、また、そうした投機的取引を行う者に対しては、自発的交渉を通じて、市場から排除することを、お互いに意識し、促すシステムが求められると思われます。

日本資本主義の父とも称えられている渋沢栄一は、渋沢財閥を創設した財界人ですが、その一方で、論語等の儒教倫理にも造詣が深く、企業（人）が有するべき倫理を大事にしたことでも知られています。例えば、一切投機をしない理由として、「世人より投機者流と見られ、世間の信用を失うようにならぬとも限らぬ。すなわち一時は利益を得ても、永い年月の中には、大いに損をすることになるべし」と述べ、投機に走ることを戒めています。古くからある企業の社訓・社是等には、信頼が第一で、企業は社会とともにあり、営利は社会に還元すべきであることを諭すものが多く見られます。「経済の金融化」の流れ、米国流の「投資家資本主義」への収斂への流れに歯止めをかけるために、日本は、伝統的に培っていた儒教に基づくビジネス倫理や、イスラムの投資倫理等の比較を通じ、求められる「ビジネス倫理」「相互信頼を損なわない市場倫理」を調整する立ち位置を模索すべきだと思います。

注

（1）外部格付は、基本的に、S&P社やムーディーズ社等の格付機関独自の判断でつけられており、審査方法や格付基準の詳細については公開されていないことにも留意しておく必要がある。経済産業省の委託調査として、日経リサーチが、二〇〇三年に、日本インベスター・リレーションズ協議会（JIRA：Japan Investor Relations Association）の協力を得て行った調査は、格付機関の格付を日系企業がどのように見ているのかを知る上で興味深いデータを示している。格付会社に対する情報提示の内容に不足がある原因として「内部機密上開示できない情報がある」との回答が、五九％を占めていることには留意すべきである。すなわち、ある極めて重要な情報は、格付機関による格付審査には必ずしも反映していないことを示している。

（2）イスティスナは、ムラバハの変形スキームで、新規の工場建設のように、契約時点で介在させる実物資産が存在しないという特徴を有する。まず、資金の出し手（銀行など）と商品の買い手は、製造・建設する機械設備などの実物資産の詳細につき、あらかじめ合意する。その上で、資金の出し手は商品の売り手（製造・建設業者）に代金を先払いする。実物資産が完成する都度、資金の出し手は商品の買い手にそれを引き渡し、その対価として一定の利益を上乗せした金額を受け取る［イスラム金融検討会 二〇〇八：三三］。

（3）ムラバハでは、まず資金の出し手（銀行など）は、商品の売り手に対して、現金で商品代金を支払い、いったんその商品を購入した上で、商品の買い手に転売する。その際、商品の所有権は、商品の売り手→資金の出し手→商品の買い手の順に移転する。こうして商品の転売という形を取りながら、資金の出し手は商品の買い手に対して、商品代金の延払いを認める一方で、商品代金に一定の利益を上乗せした上で、買い手から資金を回収する［イスラム金融検討会 二〇〇八：三二］。

（4）資金の出し手は機械設備、航空機や船舶などの実物資産を購入、所有する。資金の出し手は、当該資産の所有者（レッサー）として、その利用者（レッシー）に賃貸（リース）し、その対価としてのリース料を受け取るというスキーム［イスラム金融検討会 二〇〇八：三三］。

（5）二〇〇九年六月時点で、インドネシアには、五つの国立銀行、二六の地方政府系銀行、三一の民間銀行（外国為替公認）、三三の民間銀行（外国為替未公認）、一七の合弁銀行、一〇の外国銀行が銀行業を行っている。これらの中で、民間銀行（外国為替公認）タイプでは、二行（*Bank Muamalat, Bank Syariah Man-*

diri）、民間銀行（外国為替未公認）タイプでは、三行（*Bank Syariah BRI, Bank Syariah Bukopin and Bank Syariah Mega Indonesia*）のイスラム銀行が存在する。

（6）但し、Williamson［1985］によれば、トランザクション・コストは常に、比較制度分析の手法により、個々の制度における契約様式の違いから発生しているコストとして比較でき、システム・制度（制度としての市場や企業も含む）の問題点、あるいは最適化を分析できるとしている。しかし、ある前提で成立している制度構造が、他で成り立つ必要はなく、比較アプローチで、社会全体の便益を増やす制度構造そのものを見つけることには限界が伴なう。

終　章　制度政治経済哲学へのステップ
――あとがきに代えて――

本書の全体のまとめについては、すでに序章で提示していますので、終章では、あとがきに代えて、「制度政治経済哲学」というべき複合的領域、その方向性についてふれておきたいと思います。

本文でもふれましたが、「制度」は、経済行動を制約する「ルール」と定義されます。制度には、第三者によって規制・執行される「フォーマルな制度」と、自ら規制・執行する「インフォーマルな制度」があります。前者の代表的なものは法制度であり、後者の代表的制度としては、宗教や文化が挙げられます。新制度派経済学は、経済の効率性には、経済主体に圧し掛かる手間や時間、すなわち、彼らの用語による「トランザクション・コスト」が大きく関わっていると考えます。定義上、構造的にトランザクション・コストが高い状態に陥ると、その経済は非効率なものとなります。このトランザクション・コストの多寡を決める決定的要因が「制度」（ルール）であるという考えになります。新制度派経済学の立場としては、経済に構造的な非効率性が見られる場合、現行制度・システムに問題があり、その構造的問題は、トランザクション・コストを減らす代替制度に転換することのみにより、解決されるとの構えとなります。この制度転換について、学者によって意見の違いは多少ありますが、ダグラス・ノースに代表される新制度派経済学としては、経済主体による「自発的」交渉によって、時間は掛かるケースはあっても、基本的には、よりよい代替制度へ移行されていくことが前提とされています。

これに対し、政治経済学（ポリティカル・エコノミー）の立場からは、制度の設計には、政治的要因が深く関わっており、必ずしも経済主体による「自発的」交渉によってのみ、制度は創設・変更されるわけではないことが指摘されます。時として、制度は、国家（政府）による、ある意図により設計されるものもあれば、社会全体としては不効率でも、現行制度からレント（超過利潤）を得ているグループが政治的・経済的権力を持っている場合、制度移行には困難が伴い、非効率な制度が温存されるケースも多く見られます。このため、制度と経済効率性との関係を見る上で、政治的要因、特に、政治的および経済的権力構造がどのようになっているのかを、変数として分析すること（特に、制度変更に掛かる政治コスト分析）は、制度分析には欠かせないとの構えとなります。

制度政治経済学では、基本的に、政治的および経済的権力による「フォーマル」制度―法制度や企業内ルール、市場取引の取りきめなど―がいかに創設され、変更されるか（あるいは変更されず、維持されるか）が、その主たる分析対象となります。インフォーマルな制約が、制度設計や制度変更に重要な影響があることは認めながらも、変数として捉えることが難しいこともあり、第三者による執行力の伴うフォーマル制度が、どのように創設・維持・変更されるかに、その主たる関心が向けられます。

新制度派経済学は、制度と経済効率性との因果関係を明らかにすることを主目的としており、一方、制度政治経済学は、制度の創設・維持・変更と政治権力構造との因果関係を明らかにすることを主たる狙いとしています。しかし、両者のアプローチには、制度がどうあるべきか、制度設計・変更は、どのような規範に基づくべきなのかという観点が欠けています。客観的・科学的アプローチを尊ぶ立場からは、ある前提を置いた上で、因果関係を分析することにウェイトが置かれることになりますが、それだけでは「制度がどうあるべきか」という問いには十分には答えることができません。経済効率性が高いことだけが、制度を選ぶ上での必要十分条件ではありませんし（第1章で取り上げた、アマルティア・センの「フルートの話」は、そのことを示す一つの例です）、また、民主的政治構造が、必ずしもベストな制度設計を約束するわけでもありません（第2章で取り上げた村の話は、そのことを示しています。また、時として、われわれは「衆愚」的に、ある制度を選択してしまうかもしれません）。

人間が行動し、創り上げている「社会」をどのように、政治的、経済的、社会的および文化的に暮らしやすいものにしていくべきかという問いに、「社会科学」は答えを模索していく必要があります。ますます高まる「不確実性」に対応しつつ、生活の質を高めていくためにも、従来の新制度派経済学

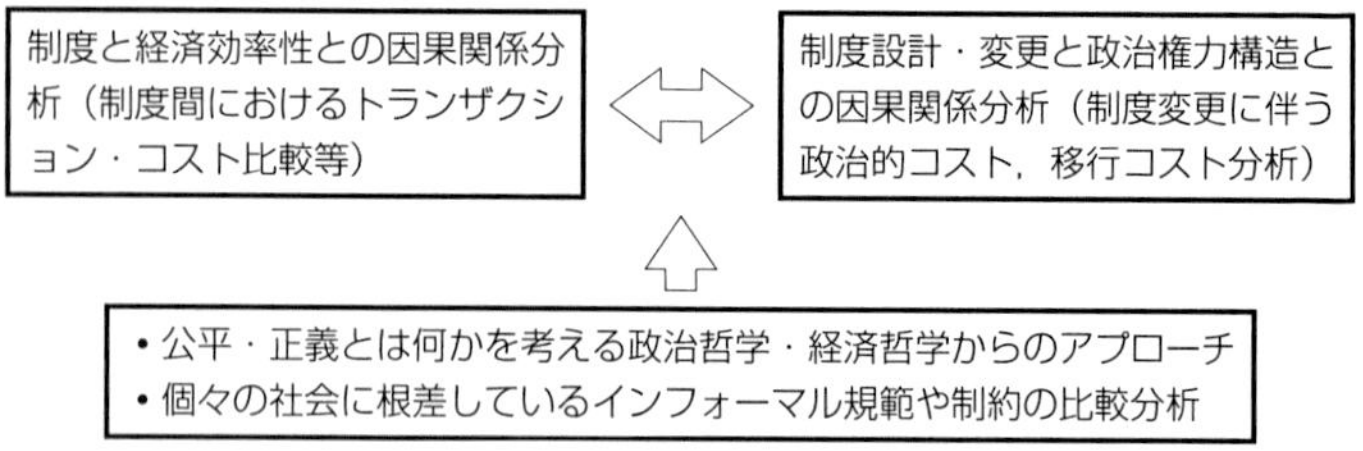
制度と経済効率性との因果関係分析（制度間におけるトランザクション・コスト比較等）
制度設計・変更と政治権力構造との因果関係分析（制度変更に伴う政治的コスト，移行コスト分析）
・公平・正義とは何かを考える政治哲学・経済哲学からのアプローチ
・個々の社会に根差しているインフォーマル規範や制約の比較分析

図終-1　制度政治経済哲学－複合的視点

出典：筆者作成.

や制度政治経済学の貢献とともに、政治哲学、経済哲学、宗教学、社会学等で培われた研究成果を併せた複合的視点が求められていると思われます。制度設計・変更にどのような規範を求めるべきなのか、インフォーマルな制約を、どのように制度設計や変更に際し考慮にいれるべきなのかを分析する、言うならば「制度政治経済哲学」ともいうべき分野の確立、各アプローチの統合化が必要と思われます。

　経済効率の追求と公平としての正義の追求とを両立させることは、容易なことではありません。特に、ベンサム以降、経済成長・収益の追求と、事後的な利益配分とのどちらを優先すべきかという、経済学が長らく悩み続けた問題に対し、本書は、これまでとは異なる観点から、この問題の解決を考えています。健全なビジネス倫理に根差す規律に基づいた市場取引に、有効な資源配分を充分に期待できるのであれば、「機会の平等」（事前の格差是正）を徹底的に求め、その後の経済活動・資源配分を自由競争的市場原理に委ねることにより、経済効率の追求と公平としての正義の追求とを両立させることが、理屈としては可能となります。その場合、「他者への思いやり」や「相互依存」に基づく倫理的市場原理を、どのように創設し維持するかということが、より重要なテーマとなってきます。どのように格差を（事後的に）是正するかという「福祉国家」的考えから、どのように、市場における相互信頼やビジネス倫理を育むかという「倫理的市場原理」を追求していく方向に、よりウェイトを移していくことになります。

不確実性が高まり、また、個々の価値観も多様化していく現代社会において、政治経済政策の方向性を巡る社会構成員のコンセンサスを得ることは難しくなっていきます。全員が納得する方向を探すことは、そもそも無理なことですが、より多くの人を説得しうる立ち位置・覚悟を考える上で、「公平」および「正義」を基本軸にした議論を深めていくべきと考えます。「公平」「正義」という観点から制度を見直し、「不公平」な制度が、どのように経済的にも悪影響を与えているか、あるいは「公平」に向けた制度変更を阻害する政治的要因は何か等、公平・正義を基本軸に置いた制度設計・変更と、健全なビジネス倫理を育むインフォーマル制度の確立・維持に向けたコンセンサス形成に、この「制度政治経済哲学」という複合的学問領域が活かされることを願っています。

《著者紹介》
鈴 木　　泰（すずき　やすし）
1963年神奈川県に生まれる．
早稲田大学政治経済学部卒業．ロンドン大学大学院（東洋アフリカ研究学院・バークベック校）修士・博士課程修了．経済学博士（PhD），法学修士（LLM）．
株式会社日本長期信用銀行，株式会社社会基盤研究所，金沢工業大学助教授等を経て，現在，立命館アジア太平洋大学（APU）大学院経営管理研究科教授．

主要業績
『開発政策の合理性と脆弱性――レント効果とレント・シーキングの研究――』晃洋書房，2006年．
Japan's Financial Slump: Collapse of the Monitoring System under Institutional and Transition Failure, Palgrave Macmillan, 2011.

日本の立ち位置を考える
――制度政治経済哲学へのステップ――

2012年９月30日　初版第１刷発行　　＊定価はカバーに表示してあります

著者の了解により検印省略

著　者　鈴 木　　泰Ⓒ
発行者　上 田 芳 樹
印刷者　江 戸 孝 典

発行所　株式会社　晃 洋 書 房
〒615-0026　京都市右京区西院北矢掛町７番地
電話　075(312)0788番(代)
振替口座　01040-6-32280

印刷　㈱エーシーティー
製本　㈱兼　文　堂

ISBN978-4-7710-2390-1

索　　引

参考文献

〈欧文献〉

Aoki, M. [1994] "Monitoring Characteristics of the Main Bank System: An Analytical and Developmental View," in M. Aoki and H. Patrick, *The Japanese Main Bank System,* Oxford [England]; New York: Oxford University Press（東銀リサーチインターナショナル訳『日本のメインバンク・システム』東洋経済新報社, 1996年).

Arrow, K. J. [1974] *The Limits of Organization,* New York: W. W. Norton（村上泰亮訳『組織の限界』岩波書店, 1999年).

Ayub, M. [2007] *Understanding Islamic Finance,* Hoboken, N. J.: John Wiley & Sons.

Bangladesh Bank [annual] *Annual Report,* various issues.

Bank Indonesia [2009] *Indonesian Islamic Banking Outlook* 2010 (http://www.bi.go.id/NR/rdonlyres/075B56DD-F6FA-4F5F-9292-C805F768266B/20188/IndonesianIslamicBankingOutlook2010.pdf, 2012年6月14日閲覧).

Bank Indonesia, *The Indonesian Banking Directory,* various editions, Jakarta: Pustaka Bisnis Indonesia.

Bank Negara Malaysia, *Monthly Statistical Bulletin,* various issues.

Bank of Japan (BOJ) [2000] Japan's Financial Structure in view of the Flow of Funds Accounts, Research and Statistic Department, Working Paper.

Basle Committee on Banking Supervision (BCBS) [1999a] *Credit Risk Modelling: Current Practices and Applications* (http://ferrari.dmat.fct.unl.pt/personal/mle/GestaoRisco/AcordoBasileia/CredRiskMod.pdf, 2012年6月14日閲覧).

—— [1999b], *A New Capital Adequacy Framework* (http://www.bis.

org/publ/bcbs50.pdf, 2012年 6 月14日閲覧).

Bentham, J. [1931] *Theory of Legislation,* edited by C. K. Ogden, Principles of the Civil Code, London: Kegan Paul.

Bhambra, H. [2007] "Supervisory Implications of Islamic Finance in the Current Regulatory Environment," in S. Archer and R. A. A. Karim eds., *Islamic Finance: The regulatory Challenge,* Singapore: John Wiley & Sons.

Bikhchandani, S. and S. Sharma [2000] "Herd Behavior in Financial Markets: A Review," IMF Working Paper WP/00/48, IMF Institute.

Cohen, D. and J. L. Knetsch [1992] "Judicial Choice and Disparities between Measures of Economic Values," Pace Law Faculty Publications, Paler 419. Reprinted in D. Kahneman. and A. Tversky eds., *Choices, Values, and Frames,* New York: Russell Sage Foundation; Cambridge, UK: Cambridge University Press, 2000.

Daniels, R. and W. Trebilcock [2004] "The Political Economy of Rule of Law Reform in Developing Countries," *Michigan Journal of International Law,* 26.

Davis, E. P. [1995] *Debt Financial Fragility and Systemic Risk,* Oxford: Clarendon Press; New York: Oxford University Press.

Di John, J. and J. Putzel [2009] *Political Settlements, Issues Paper,* Governance and Social Development Resource Centre (GSDRC) (http://www.gsdrc.org/docs/open/EIRS7.pdf, 2012年 6 月14日閲覧).

Diamond, P. and A. Giddens [2005] "The new egalitarianism: economic inequality in the UK," in A. Giddens and P. Diamond eds, *The New Egalitarianism,* Cambridge, U. K.: Polity.

Dore, R. [2000] *Stock Market Capitalism: Welfare Capitalism, Japan and Germany versus the Anglo-Saxons,* Oxford; Tokyo: Oxford University Press (藤井眞人訳『日本型資本主義と市場主義の衝突

――日・独対アングロサクソン――』東洋経済新報社，2001年).

Dymski, G. [1993] "Keynesian uncertainty and asymmetric information: Complementary or contradictory?" *Journal of Post Keynesian Economics,* 16(1).

El-Gamal, A. M. [2006] *Islamic Finance: Law, Economics, and Practice,* Cambridge: Cambridge University Press.

Elster, J. [1989] *The Cement of Society: A study of social order,* Cambridge; New York: Cambridge University Press.

Fukuyama, F. [1995] *Trust: The Social Virtues and the Creation of Prosperity,* New York: Free Press (加藤寛訳『「信」無くば立たず――「歴史の終わり」後，何が繁栄の鍵を握るのか――』三笠書房，1996年).

Hargreaves Heap, S. [1992] "Rationality," in S. Hargreaves Heap, M. Hollis, B. Lyons, R. Sugden and A. Weale eds., *The Theory of Choice: A Critical Guide,* Oxford; Cambridge, MA: B. Blackwell.

Keynes, J. M. [1936] *The General Theory of Employment, Interest and Money,* Volume VII, London: Macmillan (間宮陽介訳『雇用，利子および貨幣の一般理論』上下巻，岩波書店，2008年).

―― [1937] "The General Theory of Employment," *Quaterly Journal of Economics,* 51(2).

―― [1963] *Essays in PERSUASION,* New York: Norton (宮崎義一訳『説得論集』東洋経済新報社，1981年).

Khan, M. [1995] "State Failure in Weak State: A Critique of New Institutionalist Explanations," in J. Hunter, J. Harriss and C. Lewis eds., *The New Institutional Economics and Third World Development,* London: Routledge.

―― [2000] "Rents, Efficiency and Growth," in M. Khan, M and K. Jomo eds., *Rents, Rent-Seeking and Economic Development,* Cambridge: Cambridge University Press.

—— [2000] "Rent-Seeking as Process," in M. Khan, M and K. Jomo eds., *Rents, Rent-Seeking and Economic Development,* Cambridge: Cambridge University Press.

—— [2004a] "State Failure in Developing Countries and Institutional Reform Strategies," in B. Tungodden, N. Stern and I. Kolstad eds., *Towards Pro-Poor Policies: Aid Institutions and Globalization* (Proceedings of the World Bank's Annual World Bank Conference on Development Economics-Europe 2003), Oxford: Oxford University Press and The World Bank.

—— [2004b] "Evaluating the emerging Palestinian state: 'Good governance' versus 'transformation potential'," in *State Formation In Palestine: Viability and governance during a social transformation,* London: New York: RoutledgeCurzon.

Kindleberger, C. [1996] *Manias, Panics and Crashes,* 3rd ed., London and Basingstoke: Macmillan.

—— [1996, 2000] *Manias, Panics and Crashes,* 4rd ed., London and Basingstoke: Macmillan.

Knight, J. [1992] *Institutions and Social Conflict,* Cambridge (England); New York, N. Y.: Cambridge University Press.

Krouse, R. and M. McPherson, [1998] "Capitalism, 'Property Owing Democracy' and the Welfare State," in A. Gutmann ed., *Democracy and the Welfare State,* Princeton, N. J.: Princeton University Press.

Miliband, E. [2005] "Does inequality matter?" in A. Giddens and P. Diamond eds., *The New Egalitarianism,* Cambridge, U.K.: Polity.

Minsky, H. P. [1977] "A Theory of Systemic Fragility," in E. I. Altman and A. W. Sametz eds., *Financial Crises; Institutions and Markets,* New York: Wiley.

Nagel, T. [2005] "The Problem of Global Justice," *Philosophy and Public Affairs* 33(2).

——[2010] *Secular Philosophy and the Religious Temperament: Essays 2002-2008*, New York: Oxford University Press.

North, D. [1990] *Institutions, Institutional Change and Economic Performance*, Cambridge; New York: Cambridge University Press（竹下公視訳『制度・制度変化・経済成果』晃洋書房，1994年）.

Pogge, T. [2004] "Moral Universalism and Global Economic Justice," in K. Horton and H. Patapan eds., *Globalisation and Equality*, New York: Routledge.

Rawls, J. [1971] *A Theory of Justice*, Cambridge, Mass.: Belknap Press of Harvard University Press（川本隆史・福間聡・神島裕子訳『正義論』改訂版，紀伊國屋書店，2010年）.

Sen, A. [2009] *The Idea of Justice*, London: Penguin Books（池本幸生訳『正義のアイデア』明石書店，2011年）.

——[2010] "Global justice," in J. Heckman, R. Nelson, and L. Cabatingan eds., *Global Perspectives on the Rule of Law*, London: Routledge.

Simon, H. A. [1983] "Alternative visions of rationality," Reprinted in P. K. Moser ed., *Rationality in Action: Contemporary Approaches*, Cambridge (England); Cambridge University Press, 1990.

——[1996] *The Sciences of the Artificial*, 3rd ed., Cambridge, Mass.: The MIT Press（稲葉元吉・吉原英樹訳『システムの科学』パーソナルメディア，1999年）.

Smith, H. [2005] *Hungry for Peace: International Security, Humanitarian Assistance, and Social Change in North Korea*, Washington, D. C.: United States Institute of Peace.

Stiglitz, J. [1994] *Whither Socialism?*, Cambridge, Mass.: The MIT Press.

Stiglitz, J. and B. Greenwald [2003] *Towards a New Paradigm in Monetary Economics*, Cambridge: Cambridge University Press（内藤純一・家森信善訳『新しい金融論——信用と情報の経済学——』東

京大学出版会，2003年）.

Suzuki, Y. [2011] *Japan's Financial Slump: Collapse of the Monitoring System under Institutional and Transition Failure,* Basingstoke: Palgrave Macmillan.

Toumi, K. and Viviani, J. L. [2011] "Islamic Banks Exposure to Displaced Commercial Risk: Identification and Measurement,"available at http://www.cr2m.net/meetings/TOUMI-VIVIANI.pdf（2011年6月14日閲覧）.

Visser, H. [2009] *Islamic Finance: Principles and Practice,* Gheltenham; Northampton, MA.: Edward Elgar.

Williamson, O. E. [1985] *The Economic Institutions of Capitalism: Firms, Markets, Relational Contracting,* New York: Free Press.

〈邦文献〉

有賀夏紀［2002］『アメリカの20世紀』上下巻，中央公論新社（中公新書）.

イスラム金融検討会［2008］『イスラム金融――仕組みと動向――』日本経済新聞出版社.

今井賢一・宇沢弘文・小宮隆太郎・根岸隆・村上泰亮［1971］『価格理論Ⅱ』岩波書店.

大野克人・中里大輔［2004］『金融技術革命未だ成らず』金融財政事情研究会.

姜尚中［2006］『姜尚中の政治学入門』集英社（集英社新書）.

小室直樹［2006］『日本人のための憲法原論』集英社（集英社インターナショナル）.

鈴木泰［2006］『開発政策の合理性と脆弱性――レント効果とレント・シーキングの研究――』晃洋書房.

高橋洋一［2011］『財務省が隠す650兆円の国民資産』講談社.

ドーア，R.［2011］『金融が乗っ取る世界経済――21世紀の憂鬱――』中央公論新社（中公新書）.

鍋島直樹［1995］「金融危機の政治経済学」，青木達彦編『金融脆弱性と不安定性――バブルの金融メカニズム――』日本経済評論社.

西沢和彦［2011］『税と社会保障の抜本改革』日本経済新聞出版社.

福田歓一［1985］『政治学史』東京大学出版会.

丸山眞男［1946］「超国家主義の論理と心理」『増補版　現代政治の思想と行動』未来社.

山本七平［1997］『論語の読み方』文藝春秋.

――［2006］『日本資本主義の精神』ビジネス社.

湯浅泰雄［2002a］「倫理学と経済学の接点」『湯浅泰雄全集１』白亜書房.

――［2002b］「経済人のモラル」『湯浅泰雄全集１』白亜書房.